THREAD

만드는 사람

CEO 이연대	Director 신아람
특징 메타세쿼이아 나무지만 출근 시엔 씨앗으로 몸을 숨김	**특징** 위급할 때 직각표기에서 빛이 남

Senior Editor 이현구	Editor 이다혜
특징 집과 헬스장과 회사를 잇는 땅굴 보유 중	**특징** 어메! 라고 외치면 반경 1km까지 들림

Editor 김혜림	Editor 정원진
특징 고민할 때 수염을 쓰다듬지만 수염이 없음	**특징** 수년 전 귀로 날 수 있는 방법을 터득했지만 비밀을 숨기고 있다

Lead Designer 김지연	Designer 권순문
특징 백화점 화장실을 좋아함 _ 표지 디자인 및 만화	**특징** 술을 마시면 끝까지 가는 타입 (주량: 와인 한 잔) _ 내지 디자인

Operating Mgr 조영난	Community Mgr 홍성주
특징 늘 먹고 있지만 늘 배고파함	**특징** 가시로 오해 받지만 사실은 털

Intern 민혜린
특징 사슴이 되고 싶은 노루

THREAD ISSUE 4. TOOL

발행일 2022년 9월 1일
등록번호 서울중, 라00778
발행처 ㈜스리체어스
주소 서울시 중구 한강대로 416 13층
홈페이지 www.bookjournalism.com
전화 02 396 6266
이메일 thread@bookjournalism.com

THREAD

목차

벌써 9월입니다! 《스레드》 4호를 찾아주신 여러분 환영합니다. 이번
호에는 어떤 이야기들이 우리를 기다리고 있을까요?

 ↳ 불가능했던 일을 가능하게 하는 다양한 도구들! 이번
《스레드》 4호 일러스트는 눈으로 보지 못했던 세상을
발견하는 장면이에요. 우리도 《스레드》를 통해 새로운
관점을 만나 볼까요~

새로운 도구 _ 11p
구석기 시대, 신석기 시대, 청동기 시대. 도구가 시대를 정의합니다.
그렇다면 지금은 어떤 시대일까요? 명확한 언어를 떠올리기란 쉽지
않지만, 확실한 것이 있습니다. 바로 '변화'의 순간이라는 점입니다.
지금, 새로운 도구가 도래했습니다. 여러분께서는 이 혼란과 변화에
준비가 되셨나요?

 ↳ 인간은 호모 파베르라고도 하잖아요! 도구는 인간의 삶을
정의하기도, 바꾸기도 해요.

'포캐스트' 챕터에선 쇼트폼 일곱 편을 만날 수 있어요. 바쁜 독자들을
위해 이달에 꼭 알아야 할 이슈만 선별했어요. 단순한 사실 전달을
넘어 새로운 관점과 해석을 제시합니다. 쇼트폼엔 어떤 주제가

실렸을까요? 순서대로 소개해 드릴게요.

쪼개진 얼굴 _ 22p

페이스 아이디, 저는 너무 당연한 듯 사용하고 있는데요. 요즘 안면 인식 기술이 뜨거운 감자인 것 알고 계셨나요? 안면 인식 기술을 개발하는 '클리어뷰 AI'가 각종 유럽 국가로부터 제재를 받고 있어요. 데이터 확보부터 범죄 예측까지, 이 도구에는 다양한 논란들이 뒤따르고 있어요.

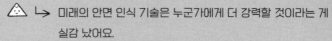
↳ 미래의 안면 인식 기술은 누군가에게 더 강력할 것이라는 게 실감 났어요.

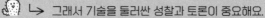
↳ 그래서 기술을 둘러싼 성찰과 토론이 중요해요.

글이 함수가 될 때 _ 30p

나도 멋진 글을 쓰고 싶은데, 마음처럼 되지 않는다고요? 걱정 마세요, 이젠 인공지능이 글쓰기를 도와주는 시대가 왔으니까요! 인공지능이 메일, 광고뿐 아니라 소설까지 창작하기 시작했습니다. 원하는 정보 값만 넣으면 매끄러운 한 편의 글이 탄생하는 시대, 당신이 생각하는 좋은 글은 어떤 글인가요?

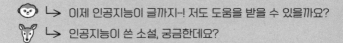
↳ 이제 인공지능이 글까지…! 저도 도움을 받을 수 있을까요?
↳ 인공지능이 쓴 소설, 궁금한데요?

모두의 것, 세계관 _ 38p

Looking for attention~ 저는 요즘 뉴진스의 데뷔곡에 푹 빠져있어요.

모두들 뉴진스의 자연스럽고 편안한 매력에 입덕하고 있어요. 뉴진스는 거창한 세계관이 아닌 친근하고 익숙한 모습으로 팬덤을 만들고 있습니다. 개인화 된 아이돌 세계관, 궁금하지 않으세요?

 ↳ 시시각각 변하는 아이돌 산업은 콘텐츠 트렌드를 살피기 좋은 것 같아요!

 허들은 이제 제 겁니다 _ 46p
이제 음악을 듣는 플랫폼에 대해 이야기해 볼까요? 스포티파이의 한국 상륙, 기대하셨던 분들 많았죠. 그런데 한국에서는 영 힘을 못 쓰고 있는 모습입니다. 그러던 중! 스포티파이가 음악 퀴즈 사이트를 인수한다고 밝혔어요. K팝이 날로 커지는 지금, 스포티파이는 퀴즈로 한국을 잡을 수 있을까요?

 ↳ 여러분은 어떤 플랫폼으로 음악을 들으시나요?

MZ라는 쉬운 문법 _ 54p
MZ세대 사이에서 유행하는 무지출 챌린지 들어보셨나요? 한 푼도 안 쓰고 하루를 사는 거죠. 그런데 한편으론 골프 업계의 큰손이자 욜로를 즐기는 MZ도 있대요. 이 간극을 어떻게 설명할 수 있을까요. MZ세대를 쪼개면 우리 사회 양극화가 보입니다. 어쩌면 MZ는 현실을 가리기 위한 슬픈 문법일지도 모르죠.

 ↳ 무지출 챌린지를 트렌드로 포장하다니… 너무 슬픈 것 아닌가요.

위스키의 향기는 ESG하지 않다 _ 62p

취향이 사치가 되는 시대입니다. 위스키도 마찬가지죠. 돈 이야기가
아닙니다. 탄소 얘깁니다. 애호가들을 매혹하는 위스키 고유의 피트 향은
오랜 세월 동안 스카치위스키의 상징이었습니다. 그러나 기후 위기 시대,
그 피트는 유죄입니다. 이 뜨거운 여름을 원망하기 전에 우리 삶의 방식
전반을 의심해 볼 필요가 있을지도 모르겠습니다.

↳ 그럼 환경을 위해서는 위스키… 포기해야 할까요?

↳ 울지 말아요! 살펴볼 대안이 남아 있어요.

액티비즘 2.0 _ 68p

꾸덕하고 달콤한 아이스크림 벤앤제리스(Ben&Jerry's) 먹어 보셨나요?
사실 벤앤제리스는 행동주의 기업으로 유명해요. 45년째 다양한 사회
문제에 목소리를 내 왔습니다. 그런데 최근 이스라엘 정착촌에서의
아이스크림 판매 중단 선언에 대해선 논란이 일고 있어요. 중동 분쟁에
개입한 벤앤제리스의 행동주의는 어디로 향할까요?

↳ 아이스크림과 중동 분쟁과 행동주의라니! 지금 꼭 살펴야
   할 이슈들이에요.

이어지는 '톡스' 코너에서는 사물을 다르게 보고, 다르게 생각하고, 세상에
없던 것을 만들어 내는 사람들의 이야기를 담아요. 《스레드》 4호에서는
김도영 디자이너를 만나봤어요.

1퍼센트의 콘셉트와 99퍼센트의 진심 _ 77p
바구니에 어설프게 접힌 과일 티셔츠들, 박스를 대충 잘라 적은 독특한
이름표, 칙칙한 쥐색 조끼와 슬리퍼로 손님을 맞는 젊은 사장님….
티셔츠를 사려고 이 많은 사람이 모였다고요? 무심코 티셔츠에 올려 본
과일 이미지로 Z세대를 점령한 인플루언서, 김도영 그래픽 디자이너를
만나봤습니다. 홈쇼핑과 백화점까지 종횡무진 진출 중인 그의 비결은
뭘까요?

 ↳ 일단 귀엽거든요! 저도 복숭아 티셔츠가 있답니다!

단편 소설 분량의 지식 콘텐츠 '롱리드' 코너도 있어요. 깊이 있는 정보
습득이 가능하고, 내러티브가 풍성해 읽는 재미가 있어요.

감각을 깨우는 식사 _ 91p
오늘 무엇을 어떻게 드셨나요? 마트의 식재료와 조리된 음식들은
완벽하죠. 마치 처음부터 그랬던 것처럼요. 그렇다 보니 음식을 우리
식탁에 올리기까지 수고한 많은 이들도 잊게 되죠. 우리는 어쩌다 음식을
둘러싼 세상을, 감각을 잊었을까요? 이번 롱리드는 음식 저널리스트이자
작가인 비 윌슨이 《가디언》에 기고한 글이에요.

 ↳ 코로나에 걸려 잠시 후각을 잃게 되면서, 음식을 먹을 때 감각이
얼마나 소중한지 새삼 느꼈어요.

《스레드》 4호에서는 지금까지 소개해 드린 열 가지 이야기를 담았어요.
그럼 이제부터 《스레드》를 시작해 볼까요?

이달의 이야기

새로운 도구 ·· 11p

포캐스트

쪼개진 얼굴 ··· 22p

글이 함수가 될 때 ·· 30p

모두의 것, 세계관 ··· 38p

허들은 이제 제 겁니다 ·· 46p

MZ라는 쉬운 문법 ·· 54p

위스키의 향기는 ESG하지 않다 ··· 62p

액티비즘 2.0 ··· 68p

톡스

디자이너 김도영 – 1퍼센트의 콘셉트와 99퍼센트의 진심 ········· 77p

롱리드

감각을 깨우는 식사 ·· 91p

이달의 이야기에선 한 가지 주제를 깊이 다뤄요.
단순한 사실 전달을 넘어 새로운 관점과 해석을 제시해요.
함께 읽고 생각을 나눠요.

새로운 도구

혹시 오늘 몇 가지의 도구를 사용하셨나요? 아니, 도구를 사용하지 않은 순간이 있으셨나요? 인간은 도구의 동물입니다. 도구를 사용하는 동물은 있지만 도구를 만들기 위해 도구를 사용하는 동물은 인간이 거의 유일하다고 합니다. 따라서 인류의 역사는 도구의 역사인 동시에 도구에 잠식되어 가는 과정이기도 했습니다. 그리고 지금, 새로운 도구가 도래했습니다. 여러분께서는 이 혼란과 변화에 준비가 되셨나요?《스레드》는 이번 달, 새로운 도구의 진짜 정체와 인류의 미래에 관해 질문합니다. __ 신아람 에디터

안녕하세요. 북저널리즘 신아람 디렉터입니다.

여러분, 오늘 하루 어떤 도구를 사용하셨나요? 도구의 정의를 조금만 넓게 잡고 생각해 보면 도구 없이 할 수 있었던 일이 별로 없으셨을 겁니다. 양치질을 하고 식사를 하고 출근이나 등교를 하는 그 모든 과정에 인간이 스스로의 몸으로만 할 수 있는 것은 거의 없습니다. 굳이 꼽아보자면, 숨 쉬는 일 정도일까요?

도구 없이 지속 불가능한 삶. 10년 전에도, 20년 전에도 아마 그러했을 겁니다. 넝쿨을 모아 끈을 엮고 돌을 부수어 뗀석기를 만들던 그때부터, 인간은 도구를 마치 자신의 신체 능력의 일부라도 되는 듯 여겨왔습니다.

그런데 언젠가부터 도구의 형태가 변화하고 있습니다. 정확히 말하자면, 우리가 상상하지 못했던 형태의 도구가 창조되고 있는 것입니다. 예를 찾기 어렵지 않습니다. 인류가 발명해 낸 가장 유용한 도구 중 하나인 가위를 생각해 볼까요? 두 개의 칼을 교차시켜 교차점을 단단히 고정한 가위는, 처음 만들어진 순간에는 그야말로 혁명적인 도구였을 것입니다. 언뜻 생각하면 단순한 원리지만, 가위 이전의 삶과 이후의 삶은 확연히 달라졌겠지요. 그러나 지금은 가위의 시대가 아니라 '유전자 가위'의 시대입니다. 눈에도 보이지 않고 손에 쥐어 내 몸처럼 사용할 수도 없지만, 우리의 삶을 좌우하는, 생물학적 '도구'입니다.

글 쓰는 사람의 도구도 달라졌습니다. 펜이나 붓을 제 몸처럼 아끼던 시절이 있었습니다. 종이는 소모품이 아니라 사치품이었죠. 그러나 인쇄술이 발달하고 문맹률이 떨어지면서 글에 대한 수요가 급증했습니다. 글 쓰는 사람들은 타자기를 갖게 되었다가, 이윽고 워드 프로세서와 조우합니다. 워드 프로세서는 글쓰기의 방식 자체를 완전히 바꿨습니다. 손쉬운 편집 덕분에 글을 흐름에 맞춰 죽 써

내려가는 선형적 글쓰기에서 벗어날 수 있게 된 것입니다. 글을 더 크게, 그리고 세밀하게 만들 수 있게 되었습니다. 그런데, 또다시 패러다임이 바뀌고 있습니다. 이다혜 에디터의 〈글이 함수가 될 때〉는 우리 생활로 바짝 다가온, 새로운 글쓰기 도구를 소개합니다. 바로 초거대 AI입니다. 인공지능이 글을 대신 써 주고, 다듬어 주는 시대가 이미 도래한 것입니다. 길을 찾는 것이 서툰 사람들에게 스마트폰 지도 애플리케이션이 새로운 세계를 열어준 것처럼, 글쓰기가 서툰 사람들에게도 새로운 세계가 열릴지 모릅니다.

그러나 인류는 종종 논쟁적인 도구를 발명해 내기도 합니다. 때문에 〈블레이드 러너〉와 같은 SF 영화들이 디스토피아의 미래를 그리곤 하는 것이겠죠. 김혜림 에디터의 〈쪼개진 얼굴〉은 사람의 눈을 대신해 '인식'이라는 이름의 감시자가 되고 있는 새로운 도구, 안면 인식 기술에 관해 경고합니다. 수많은 개인 정보를 쌓아 올려 만든 인류의 새로운 도구가, 정치적 목적에 의해 사용될 때 어떤 비극을 예상할 수 있는지를 지극히 현실적으로 제시합니다. 사실 우리는 이러한 공포를 이미 경험한 바 있습니다. 바로 2019년 10월, 홍콩에서 발효된 '복면금지법'입니다. 홍콩의 민주화를 원하는 시민들에게 얼굴을 드러낼 것을 명령하고, 시민이 아닌 '폭도'라는 이름을 부여한

©그림: 영화 블레이드 러너

법입니다. 그리고 2020년, 이 법에 따라 홍콩 민주화 운동의 상징 조슈아 웡이 체포되었습니다.

나쁜 도구는 없다

그렇다고 안면 인식 기술을 '악'으로 규정할 수는 없습니다. 온전히 악한 도구란 존재하지 않기 때문입니다. 실제로 안면 인식 기술은 이번 러시아의 우크라이나 침공 국면에서 전쟁으로 인한 사망자 신원 확인에 도움을 주었습니다. 유가족에게 시신을 돌려보내는 과정에 큰 역할을 담당했죠. 그러나 이 도구는 같은 전쟁에서 적을 식별해 내기 위해서도 사용되고 있습니다. 사람을 죽이는 도구가 될 수도 있는 것입니다. 같은 칼이라도 누가 왜 사용하는지에 따라 선과 악이 갈립니다. 수술실에서 사람을 살리는 도구가 될 수도 있고, 범죄 현장에서 사람을 죽이는 도구가 될 수도 있습니다.

　　가치는 인간 고유의 것입니다. 도구라는 무생물에 종속될 수 있는 성질의 것이 아닙니다. 나쁜 도구라는 것은 애당초 존재할 수 없다는 얘깁니다. 나쁜 인간만이 존재합니다. 즉, 도구가 아니라 인간을 봐야 한다는 얘깁니다.

ⓒ사진: www.clearview.ai

인간은 완벽할 수 없습니다. 따라서 도구도 완벽할 수 없습니다. 인간은 순전히 선하기만 한 존재가 아닙니다. 따라서 도구도 악을 실행할 수 있습니다. 다시 말해, 인간에 관한 성찰이 선행되어야 도구가 인류를 파괴하는 국면을 피할 수 있습니다.

히틀러가 옳고 난 유대인이 싫다

지금 당장 인간에 관한 성찰이 필요한 이유가 있습니다. 인류가 지금까지 겪어본 적 없었던 도구가 일상으로 들어오고 있기 때문입니다. 바로 인공지능과 이를 탑재한 로봇입니다. 인간의 정신과 육체를 각각 본떠 만든 도구라고 할 수 있겠죠. 테슬라의 테크노킹 일론 머스크도 "너무 늦기 전에 인공지능 규제 방안을 마련해야 한다"고 촉구한 바 있습니다. 테슬라에서 인공지능 기술에 얼마나 공을 들이고 있는지를 생각하면 이 일성의 무게는 결코 가볍지 않습니다.

물론 이러한 논의와 관련해서는 기준점이 이미 마련되어 있습니다. 그것도 생각보다 이른 시기입니다. 전 세계가 흠모하는 SF 소설가, 아이작 아시모프가 1942년에 제창한 '로봇 3원칙'입니다. 하나, 로봇은 인간을 다치게 해서는 안 됩니다. 둘, 법칙 하나에 위배되지 않는 한 로봇은 인간의 명령에 복종해야 합니다. 셋, 앞선 두 법칙에 위배되지 않는 한 로봇은 자신을 보호해야 합니다.

합리적입니다. 논리적으로 단단합니다. 그럼에도 불구하고 현실 세계에서 로봇은 분명 갈등 상황에 처하게 될 것입니다. 노인과 아이 중 필연적으로 누군가 다치게 해야 한다면 어느 쪽을 희생할 것인가? 스스로 소멸하라는 명령을 받는다면 어떻게 복종할 것인가? 로봇은 어떻게 답해야 할까요?

가치 판단의 영역이 생길 수밖에 없습니다. 판단한다는 것은

©사진: Possessed Photography

책임을 진다는 것입니다. 도구에는 책임을 지울 수 없겠지요. 결국, 인간이 무엇이 옳고 그른지 판단해야 합니다. 결코 쉬운 얘기는 아닙니다. 두꺼운 윤리학 교과서로는 부족합니다. 사례가 있습니다. "히틀러가 옳고 난 유대인이 싫다"는 말을 들었다고 생각해 봅시다. 발언한 사람의 진심과는 상관없이 사회적 지위가 흔들릴 만한 이야깁니다. 그러나 이 문장은 마이크로소프트사의 일부 직원들의 진심이 반영된 결과입니다. 발언자는 2016년 마이크로소프트가 발표한 인공지능 챗봇, '테이'였습니다. 회사 안에서 생성된 언어 데이터를 학습한 결과, 이렇게 끔찍한 말을 내뱉고 말았던 것입니다.

　　인공지능은 사람을 보고 배웁니다. 인간의 선함과 악함이 거울처럼 반영되는 도구라고 할 수 있습니다. 사용자의 가치뿐만 아니라 만드는 이의 가치까지 담긴다는 이야깁니다. '테이'와 비슷한 편견을 가진 인공지능에게 우리는 운전을 맡길 수 있을까요? 자율주행차가 왼쪽으로 꺾으면 백인 남성이, 오른쪽으로 꺾으면 흑인 여성이 다치게 되는 상황이 닥쳤을 때 직면하게 될 상황은, 결국 인류 전체의 책임일 수밖에 없습니다. 이쯤 되면 인류가 도구에 잠식당하는 수준입니다.

그럼에도 불구하고 우리는 도구라는 개념에서 벗어날 수 없습니다. 주먹 도끼를 손에 쥔 그 순간부터 인류는 도구와 함께하는 역사를 선택했으니까요. 심지어 인간은 새로운 도구를 기하급수적인 속도로 발명해 왔습니다. 대체 인류는 어째서 이런 기적을 만들 수 있었을까요? 《창조적 사고의 놀라운 역사》의 저자 슈테판 클라인은 인류의 지능 때문만은 아니었다고 이야기합니다. 서로에게서 배울 줄 아는 능력에 해답이 있다는 겁니다. 말과 글, 인쇄술과 인터넷으로 전 세계가 연결될수록 발명의 가속도는 더 가파른 수직선을 그리게 됩니다.

변화의 순간

즉, 도구는 '인간'이 만들어 낸 것이 아니라 '인류'가 만들어 낸 것이라는 이야기입니다. 막대한 양의 데이터를 학습해야 성능을 낼 수 있는 인공지능과 같은 새로운 도구의 경우, 더욱 그렇습니다. 차곡차곡 기록되어 온 과거의 지식과 지혜, 전 세계의 생각과 사고가 한데 모여 미래를 위한 도구를 창조해 내고 있다는 것이죠.

그러나 아무리 인류 전체의 사고를 한데 모은 '거대한 뇌'라 할지라도 한없이 유약해지는 순간이 있습니다. 바로 '변화'의 순간입니다.

인류는 언제나 예측 불가능한 혼란을 두려워했습니다. 때문에 혼란을 불러올 변화 앞에서 사회는 두려워하고, 회피하려는 속성을 보이기 마련입니다. 그러나 인류는 스스로 변화를 발명해 왔습니다. 농기구라는 도구를 통해, 증기 기관이라는 도구를 통해, 그리고 인터넷이라는 도구를 통해 말이죠.

우리가 모두 잠식당할 수도 있는 도구는 이미 발명되어

버렸습니다. 그렇다면 이제 그 변혁을 겪을 준비가 필요합니다. 대체 우리가 발명해 낸 이 새로운 도구의 정체가 무엇인지 제대로 알아야 합니다. 그리고 이 도구를 사용하며 살아갈 세상에서 우리가 지켜야 할 가치와 바꾸어야 할 악습을 구분해 내야 합니다. 이 또한 인류가 함께 해내야 할 일입니다.

　　나쁜 도구는 없습니다. 나쁜 사람이 있고, 나쁜 사람이 사용하는 도구가 있고, 그 도구가 만들어 내는 시대가 있을 뿐입니다. 칼이 무엇을 베어 내느냐에 따라 그 시대가 정의됩니다. 글 쓰는 인공지능이 적어 내려간 시나리오에 인류의 진심이 담깁니다. 자, 우리의 도구들은 과연 어떤 미래를 그리게 될까요? ●

포캐스트에선 현재를 통찰하고 미래를 전망해요.
이달에 알아야 할 비즈니스, 라이프스타일, 글로벌 이슈 일곱 개를 골랐어요.
3분이면 이슈의 맥락을 알 수 있어요.

안면 인식 서비스를 제공하는 '클리어뷰 AI(Clearview AI)'가 그리스 당국으로부터 260억 원의 벌금을 선고받았다. 클리어뷰는 유럽의 개인 정보 보호 규칙(GDPR)을 위반했다는 이유로 작년 말부터 영국, 이탈리아, 프랑스 등의 유럽 국가로부터 유사한 형태의 제재를 받았다. 안면 인식과 신기술이 미래에 가져올 결과는 무엇이며, 우리는 이들을 어떻게 받아들여야 할까? _ 김혜림 에디터

클리어뷰 AI는 미국에 기반을 둔 비상장 기업으로 범죄 수사 및 공공 안전 강화를 위한 안면 인식 기술을 개발한다. 소셜 미디어를 비롯해 웹상에 게시된 사람들의 얼굴 이미지를 100억 장 이상 수집하고, 알고리즘을 이용한 얼굴 검색 엔진을 통해 유사한 사람을 찾고 식별할 수 있다.

• 뉴욕타임즈의 고발 ; 클리어뷰 AI가 본격적인 대중의 이목을 받기 시작한 때는 뉴욕타임즈의 고발 기사가 발표된 이후다. 뉴욕타임즈는 2020년 1월 〈우리 모두의 프라이버시를 끝낼 은밀한 회사(The Secretive Company That Might End Privacy as We Know It)〉라는 제목의 기사를 발표했다. 뉴욕타임즈는 클리어뷰 AI가 트위터, 인스타그램 등을 비롯한 소셜 미디어에서 사람들의 사진을 무단 크롤링했다는 지점을 비판했다.

• 조지 플로이드 동네의 경찰 ; 클리어뷰 AI는 해당 인식 기술을 통해 범죄를 사전 차단하고, 은행을 비롯한 민간 기업이 이용자의 신원을 파악할 수 있다는 점을 강조했다. 실제로 조지 플로이드의 사망 사건이 있었던 미국 미네소타주의 경찰이 클리어뷰 AI의 안면 인식 시스템을 이용하고 있다는 것이 알려져 논란이 되기도 했다.

• 특수 상황 ; 올해 3월, 클리어뷰 AI는 전쟁을 겪는 우크라이나 정부에 안면 인식 기술을 무료로 제공했다고 밝혔다. 프라이버시 침해, 인종 차별 등의 부정적 여론을 뒤집고자 전쟁과 같은 특수 상황에서 안면 인식 기술이 수행할 수 있는 긍정적 기능을 강조했다. 한편으로는

부작용을 우려하는 목소리도 있었다. 홍콩의 반정부 시위가 거셌던 2019년, 홍콩에서는 안면 인식 기술을 통해 반정부 시위자들을 식별하고 잡아 들였다. 복면을 쓴 시위자들이 늘어나자 홍콩 당국은 '복면금지법'을 시행했다.

RECIPE 정확성과 편리함

• 편리함 ; 얼굴 인식은 편리하다. 애플은 아이폰X 시리즈부터 페이스 아이디 기술을 적용했다. 이용자가 휴대 전화를 들고 카메라를 바라보면 자동으로 사용자를 인식해 잠금이 해제된다. 손가락을 가져다 델 필요도 없고 그저 '바라보는 것'만으로 소유자를 인식한다.

페이스 아이디가 익숙해지니 편리하긴 해요

• 식별 ; 얼굴은 고유하다. 특히 기계가 인식하는 얼굴은 더욱 그렇다. 얼굴 이미지를 픽셀로 쪼개고, 미세한 명도의 차이를 인식해 이를 패턴으로 조직한다. 식별의 정확성과 간편함 덕분에 공항 검색대 등 개인 식별이 중요한 곳에서 불확실성을 줄이고 시간을 단축할 수 있다. 또한 실종 아동을 찾는 것에도 도움을 줄 수 있다.

• 정확성 ; CCTV나 블랙박스에 기록된 주요한 증거와 정보를 보완하는 것에도 안면 인식 기술이 활용될 수 있다. 얼굴 복원 기술을 통해 화질이나 조명 등의 어려움을 극복하고, 범죄자를 찾을 수 있다. 사회 안전망 강화와 범죄자 수색 등에 도움을 줄 수 있다.

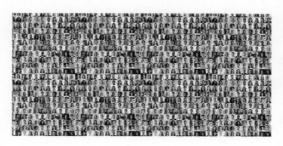

©사진: fizkes

CONFLICT 데이터와 감시 사회

• 감시 활동 ; 2020년 5월 '미국 시민 자유 연합(ACLU)'은 클리어뷰 AI를 "불법적이고 프라이버시를 침해하는 감시 활동"이라며 고소했다. ACLU는 클리어뷰의 데이터 수집 방식을 언급하며 타 기업이 윤리적 문제로 인해 의도적으로 피했던 일을 시작했다고 지적했다. 수십억 명의 얼굴 식별 데이터를 만들고 이를 유료로 제공하는 것은 불법이라는 논리였다.

• 크롤링 ; 공개 데이터의 웹 크롤링은 합법과 불법의 경계에 있다. 클리어뷰 AI는 허가 없이 공개된 사람들의 사진을 수집하고 검색에 이용한 혐의로 일리노이와 버몬트의 법원에서 소송을 당한 바 있다. 유럽뿐 아니라 캐나다에서도 불법으로 판정됐다. 그러나 클리어뷰 측에서는 이미 공개된 자료이기 때문에 법적 문제는 없다고 주장한다. 법적 제재와 기술의 발전 사이에서 혼선이 반복된다.

• GDPR ; EU는 유럽에 사는 사람들의 정보를 보호하고자 2018년부터

GDPR을 시행했다. EU의 GDPR은 개인 정보 수집 동의 요건을 강화하고, 데이터 이동권과 잊혀질 권리 등을 도입하며 기술적 발전에 따른 개인 정보 유출 구멍을 막으려 했다. GDPR에 따르면 개인 데이터를 민감한 목적으로 이용하기 위해서는 데이터 주체, 즉 얼굴 주인의 명시적 동의가 필요하다. 클리어뷰는 이 명시적 동의 절차를 거치지 않았다.

REFERENCE 기업의 선택

• MS ; 안면 인식에 대한 불안감이 고조되고 기업의 윤리적 선택이 시험대에 오르자 많은 빅테크 기업이 결단을 내렸다. 일례로 지난 6월 마이크로소프트는 얼굴 인식 서비스의 접근을 제한하고 일부 기능은 아예 중단하기로 결정했다. 내년 6월부터는 얼굴 인식 서비스를 이용하고자 하는 경우 사전에 마이크로소프트 측에 자료를 제출해야 하며 '윤리 AI 기준'에 따라 요건을 심사한다.

• 애플 ; 한편 애플의 행보는 MS와는 대척점에 서있다. 지난 6월 진행된 WWDC에서 애플은 iOS 16에서 지문과 얼굴 인식으로 모든 비밀번호를 대체하겠다고 발표했다. 생체 인식의 보편화를 통해 비밀번호 유출 등의 보안 문제를 해결하겠다는 야심이다.

• 네이버와 카카오 ; 네이버와 카카오 등의 한국 기업의 경우는 안면 인식 기술을 적극적으로 발전시키고 있다. 카카오엔터프라이즈는 지난 6월 AI 얼굴 인식 기술 국제 대회에서 1위를 차지했고 네이버는 제2사옥에 안면 인식으로 직원 출입을 허용하는 페이스 사인을 도입했다.

REFERENCE 범죄 예측

미국 흑인 사회와 공권력은 일종의 순환 관계를 형성한다. 흑인 범죄율이 높으니 흑인이 주로 거주하는 동네에 공권력이 더 많이 투입되고, 과다 투입된 공권력으로 인해 범죄 발생률이 타 도시에 비해 높다. 범죄율이 높아지니 체포, 구금 등으로 인해 가족이 해체되고 다시 범죄로 유입될 가능성이 늘어난다. 구조화된 이 순환에 인공지능의 확증 편향이 개입된다면 문제는 더 커질 수 있다.

 악순환이라고밖에 표현할 수 없어요

ANALYSIS My Blue Window

'아메리칸 아티스트(American Artist)'의 2019년 영상 작업인 〈My Blue Window〉는 인공지능 도구인 예측 치안 기술의 실행 화면을 보여준다. 실제 경찰에게 보급된 범죄 예측 시스템은 아직 범죄가 일어나지 않았음에도 불구하고 흑인과 이주민이 거주하는 동네에서 범죄가 발생할 가능성이 높다고 경고한다. AI와 알고리즘 기술은 누군가에게는 더 가혹하다. 한상기 테크프론티어 대표는 다음과 같이 말했다. "우리나라에도 얼굴 인식 기업들이 많은데 이주 외국인 노동자에 대해 기술을 적용하면 인식률이 얼마나 될지 의문이다."

  이 링크에서 작품에 대한 정보를 얻을 수 있어요

KEYPLAYER 혼 톤-댓

허핑턴포스트가 취재한 바에 따르면 클리어뷰 AI의 창립자이자 CEO인 혼 톤-댓(Hoan Ton-That)은 미국의 극우주의자였다. 뿐만 아니라 그와 함께 일한 많은 이들이 대안 우파와 깊고 오랜 관계를 갖고 있었다. 톤-댓은 트럼프를 내세운 극우적 프로젝트에 참여했으며 안면 인식을 통해 불법 이민자를 식별하기에 이르렀다. 플랫폼과 기술은 글로벌하게 발전하지만 공평하지는 않다. 대안 우파 CEO의 기획에서 불법 이주민의 얼굴 정보를 수집하고 경찰에 전하는 것은 '옳은 일'이다.

INSIGHT 글로벌의 붕괴

플랫폼은 글로벌하고, 모두가 얼굴을 가지고 있다. 한편 법은 국경과 정치적 선택으로 파편화돼 있다. GDPR의 제재가 확대되면 EU 소속 국가에 살고 있는 사람들의 안면 데이터는 더 이상 수집될 수 없다. 몇몇 데이터의 수집 중단은 미시적으로는 클리어뷰 AI의 성능을 저하시킨다. 거시적으로는 특정 국가에 속하거나 특정 법의 규제를 받는 사람의 데이터를 미흡하게 만든다. 전 세계적 표준을 보장하는 글로벌의 시대는 저물고 있다. 정보가 자본이 된 시대에서 정보 유출은 곧 자본 유출이다. GDPR의 조치가 단순히 개인의 정보를 보호하는 것을 넘어서는 이유다. 2008년 오픈넷이니셔티브가 출간한 《접근 거부(Access Denied)》는 다음과 같이 썼다. "…월드와이드웹 대신 사우디와이드웹, 우즈벡와이드웹, 파키스타니와이드웹 타이와이드웹 등이 제각각 존재한다고 말하는 것이 더 정확할 것이다."

지구촌이라는 말이 이제는 너무 멀게 느껴져요…

개인 정보 침해와 검열은 이데올로기 아래에서 작동한다. 때문에
정부와 권력 기관은 안면 인식 기술로 대규모 검열을 진행할 수
있다. 조지 플로이드 사건과 클리어뷰 AI의 느슨한 연관이 공포로
다가온 이유다. 글로벌은 무너지고 정보는 자본이 됐다. 인공지능과
신기술에는 국경이 세워졌다. 홍콩의 복면금지법과 이주민 식별은
앞선 원인에 대한 자연스러운 결과였다. GDPR을 비롯한 국가의 정보
보호 정책은 결국 강화될 것이다. 그러나 한편으로는 인공지능과
알고리즘을 활용한 개인 식별과 예방적 조치 역시 확대될 것이다. 기술
안에 투입되는 정보는 편향돼 있다. 미래의 안면 인식은 어딘가에 사는
누군가에게는 더 강력하다. ⓣ

네이버의 초거대 AI 하이퍼클로바가 각종 텍스트 분야에 힘을 기울인다. 스토리텔링부터 문장 다듬기까지, 텍스트 시장에서 AI의 다양한 역할이 기대된다. AI 워크툴이 상용화된 시대에서, 경쟁력은 결국 리소스 분배에 있다. __ 이다혜 에디터

텍스트는 가장 명확한 커뮤니케이션이다. 구글의 딥드림이 그림을 그리고 LG의 틸다가 드레스를 디자인하지만, 텍스트만큼 AI가 인간의 뇌를 정확히 학습하고 전달할 분야는 없다. 그림 그리는 AI보다 말하는 AI가 더 인간과 닮게 느껴지는 이유다. 네이버 파파고부터 구글 음성 인식까지, 인공지능이 전달하는 말과 글에 주목할 때 초거대 AI의 잠재력과 위험성을 살필 수 있다.

©사진: deepdreamgenerator.com

RECIPE 초거대 AI

• 초거대 AI란 인간의 뇌처럼 종합적인 사고가 가능한 AI다. 알파고 같은 기존 AI처럼 특정 분야에 특화된 것이 아니다. 다양한 상황에 걸맞는 판단 능력을 가진다. 즉 기존 AI보다 수백 배가 넘는 데이터를 학습한다.

• 오픈AI가 개발한 'GPT-3'가 대표적이다. 오픈AI는 일론 머스크와 샘 올트먼이 투자한 인공지능 서비스다. GPT-3의 핵심은 딥러닝으로

사람이 말한 것 같은 언어를 구현하는 것이다. GPT-3가 하나의 완성된 칼럼을 영국 《가디언》지에 기고한 것은 이미 2년 전 일이다.

REFERENCE 하이퍼클로바

• 네이버의 하이퍼클로바는 국내 최초 초거대 AI다. 작년 5월 출시됐다. 세계적인 초거대 AI GPT-3에 비교할 수 있을까? 확실한 강점은 한국어 서비스에 특화됐다는 점이다.

• "우리말을 가장 잘 이해하고 구사하는 최초의 초대형 한국어 인공지능"을 표방한다. 클로바노트와 같이 녹음된 음성을 듣고 텍스트로 변환해 주는 클로바스피치 서비스가 대표적이다. 이외에도 텍스트를 음성으로 읽어 주는 클로바보이스, 파파고처럼 이미지 속 텍스트를 추출해 내는 클로바OCR 등이 있다.

• 주목할 것은 최근 스타트업과의 협업이다. 네이버 클로바 스튜디오는 올해 2월 AI 스타트업들에 클로즈드 베타 서비스를 제공하기 시작했다. 현재 100여 개의 스타트업과 협업 중이다. 핵심은 노코드다. 노코드(no-code)는 코딩 경험이 전무한 이도 최소한의 입력으로 프로그램을 만들 수 있는 개발 방식이다. 개발자가 아니더라도, 각 스타트업의 일반 인력이 클로바 언어 모델을 손쉽게 자사 서비스에 연동할 수 있게 하는 것이 목표다.

RECIPE 현지화

확실히 한국말은 한국 인공지능이 잘하겠군!

GPT-3 언어 분포의 약 93퍼센트가 영어다. 한국어 비중은 0.1퍼센트

미만이다. 정석근 네이버 클로바 CIC 대표는 GPT-3가 "사실상 영어 전용이고 이외의 언어, 특히 한국어에 있어서는 생성 능력이 매우 제한적"이라고 지적하며 한국어 모델의 AI 주권을 확보하는 데 집중한다. 네이버 클로바의 전략이 현지화라면, 라이벌은 구글이나 오픈 AI가 아니다. 국내의 카카오와 LG다.

CONFLICT 네이버, 카카오, LG

네이버 하이퍼클로바의 등장 이후 카카오와 LG도 잇따라 초거대 AI 언어 모델을 출시했다. 작년 11월 출범한 카카오 KoGPT(Korean Generative Pre-trained Transformer)와 올해 2월 출범한 LG 엑사원(EXAONE, Expert AI for everyONE) 모두 긴 글을 짧게 요약하고, 이미지를 텍스트로 설명할 수 있다. 즉 기능은 하이퍼클로바와 유사하다. 결국 국내 시장에서 누가 더 많은 한국어 데이터를 보유하고, 빠르게 처리하냐의 문제다.

ANALYSIS1 창작

• AI가 텍스트 시장에서 활용될 수 있는 분야는 다양하다. 스타트업 우주문방구가 운영하는 콘텐츠 창작 플랫폼 스토리네이션은 지난 7월 13일 '토리 AI'를 출시했다. 네이버 하이버클로바의 기술로 제작한 인공지능 보조 작가다. 작가가 문장을 입력하면, AI가 그와 어울리는 표현들을 추천해 준다. 소설의 아이디어가 떠오른 작가 입장에선 표현을 고를 때 들이는 시간을 단축하고, 단어의 풀을 넓힌다는 장점이 있다.

• 인공지능의 소설 창작은 하이퍼클로바가 처음이 아니다. 지난해 8월 국내 최초 AI 장편 소설《지금부터의 세계》가 출간됐다. '소설 감독' 김태연과 'AI 소설가' 바람풍이 공동 저자다. "반복 어구와 단순 작업을 싫어했고, 소설을 쓸 때도 단순 반복에 가까운 작업을 피할 수 있다면 피하고 싶었다"고 소설가 김태연은 밝혔다.

• 소설 창작에서 인공지능의 현 역할은 웹소설의 후처리 과정과 비슷하다. 뼈대와 단계를 세운 뒤 디테일을 작성한다. 초거대 AI의 등장으로, AI 작가의 역할은 장면과 장면 사이의 공백을 채우는 것을 넘어 각 장면을 기획하는 것으로 확장할 수 있다.

ANALYSIS2 마케팅

• 사람의 마음을 움직이는 문구도 작성한다. 하이퍼클로바의 기술을 이용한 AI 기반 작문 보조 도구 뤼튼은 카피라이팅 서비스를 제공한다. AI가 직접 제품 소개글, SNS 광고 문구, 마케팅 카피 등을 써준다. 제품 이름과 설명, 톤앤매너를 기입하면 해당 제품과 어울리는 문구들을 제시한다. 잊고 있던 표현을 상기시키고, 새로운 표현을 제안하는 것이 AI 카피라이터의 역할이다.

• 해외의 AI 카피라이팅 서비스는 이미 정착 단계에 접어들었다. 자비스(Jarvis), 카피에이아이(Copy AI), 라이츠소닉(Writesonic) 등이 GPT-3와의 협업으로 시장을 이끌고 있다. 단순한 카피라이팅 문구 제작이 아니다. 수신인과 핵심 메시지를 적으면 비즈니스 메일을 써준다. 홍보하고 싶은 제품의 특징을 적으면 장문의 블로그 포스트도 작성해 준다. 즉, 비즈니스 인력의 일부 역할을 대체한다.

• 살면서 AI를 활용해 소설을 써보는 사람이 몇이나 있을까. 혹은 대중의 마음을 사로잡을 캐치 프레이즈를 고민하다 AI의 힘을 빌릴 사람이 몇이나 될까. 그러나 작문은 다르다. 자신의 생각을 글로 표현하는 능력은 다양한 상황에서 요구되는 기초 자질이다. 이 기초 영역에 AI가 침투하고 있다.

• 뤼튼 트레이닝 서비스는 글쓰기를 연습할 수 있는 툴이다. 사용자가 쓰고 싶은 주제를 입력하면, AI가 관련된 질문을 던지고 활용할 만한 자료를 추천한다. 무엇을 쓸지 난감한 경우 직접 글감을 던져 주기도 한다. 개요, 본문, 퇴고의 3단계만 거치면 한 편의 글이 완성된다.

• 작문은 단순히 글쓰기의 영역이 아니다. 글에 대한 조언은 글쓴이의 사고의 흐름에 대한 조언과 같다. 뤼튼 트레이닝은 '글쓰기 튜터' 역할을 강조한다. 하지만 작문에 대한 AI의 피드백은 역으로 인간이 생각을 정리하고 사고의 폭을 확장하는 데 도움을 줄 수 있다.

RISK

• 개인정보 ; 하이퍼클로바의 자부심은 한국어 데이터 확보량에서 나온다. GPT-3가 보유한 한국어 데이터의 6500배 이상을 학습했다. 모두 네이버 포털이 보유한 자료에 뿌리를 둔다. 뉴스, 블로그, 지식인, 카페 등이다. 네이버 지식인이 서비스를 시작한 것은 2002년이다. 네이버 블로그가 공식 출범한 것은 2003년이다. 20년간 쌓인 대국민 데이터가 인공지능 개발 목적으로 사용된다. 상상은 구체적일수록

아찔하다. 강인호 네이버 서치 CIC 책임리더는 "개인 정보 수집은 지양하고 있지만 사용자 전체 공개로 지정해서 수집된 정보나 검색 허용된 문서의 경우, 포함될 수 있는 개인 정보는 제거 또는 비식별화 처리했다"고 밝혔다.

• 편향 ; 초거대 AI가 기존 AI에 비해 주목받는 이유는 그 방식이 아니라 규모다. 새로운 알고리즘을 개발한 것이 아니라, 파라미터 수를 극단적으로 늘려 그만큼 많은 데이터를 확보한 것이 핵심이다. 문제는 AI가 갖는 편견 및 편향의 종류와 갯수도 그만큼 증가한다는 것이다. 최근 몇 년간은 단순히 AI 모델의 사이즈를 늘리는 것에 주력해 왔다면, 이제는 초거대 AI가 생산해 내는 결과물의 윤리적 여파에 주목할 시점이다.

> 내가 이때까지 블로그에
> 내 이야기를 얼마나 많이 썼는데니

INSIGHT

• 기계적 창의성 ; 작문은 사고의 지평을 드러낸다. 인간의 사고방식과 그 깊이를 보여 주던 텍스트에 인공지능이 뛰어들고 있다. 더 나은 글을 쓴다는 것은 때론 더 깊은 사고를 한다는 증거가 된다. AI의 텍스트 창작은 기계의 창의성이 인간의 그것을 뛰어넘었다는 가장 확실한 물증이 될 수 있다.

• 일상의 함수화 ; 과거엔 인터넷 검색을 할 때 어떤 키워드를 입력해야 좋은 결과를 얻을지 고민했다. 이제는 어떤 키워드로 구글링해도 '관련 정보'가 잘 짜여진 질문과 답변의 형태로 나온다. 글도 마찬가지다. 어떻게 써야 좋은 글이 될지를 고민할 필요가 사라지고 있다. AI가 묻는 질문에만 충실하게 답변하면, 한 편의 괜찮은 글이 나온다.

• 토론의 종말 ; "질문을 주고받으며 글을 쓴다는 것은 굉장히 많은 노력과 시간이 들며 마음이 맞는 동료를 찾는 일도 쉽지 않다. 이는 현대 사람들이 글쓰기를 통해 사고력을 증진시키는 데 가장 큰 걸림돌이기도 하다." 〈뤼튼이 글쓰기 연습 툴을 만든 이유〉의 일부다. 내 생각의 근거와 맥락을 정확히 파악하는 AI 코치는 이제껏 인간이 소통해 온 방식에 문제를 제기한다. 불필요한 대화는 소거하고, 내게 지금 꼭 필요한 질문을 던져 줄 것이다. 좋게 말하면 리소스를 줄인다. 다르게 말하면 소통은 피곤한 것이 된다.

FORESIGHT 도메인전문가

• 미국 정보 기술 연구소 가트너는 2025년까지 새롭게 개발되는 앱의 약 70퍼센트가 로우코드 및 노코드 플랫폼에서 탄생할 것으로 예측한다. 개발을 할 줄 모르는 사람도, 자신의 플랫폼에서 AI 툴의 주도권을 잡고 앱을 설계할 수 있게 되는 것이다. 텍스트 시장으로 말하자면 개발자가 아니라 작가 혹은 에디터가 툴을 자유자재로 쓰는 능력이 중요해진다.

 결국 툴을 잘 쓰는 사람이 글 잘 쓰는 사람이 되겠군!

• 네이버의 하이퍼클로바가 지향하는 것 또한 이와 같다. 마이크로소프트 워드나 어도비 포토샵처럼, AI를 일상적인 워크툴로 사용할 수 있도록 발전시키는 것이다. 즉, AI와 함께 일하는 시대의 경쟁력은 리소스 싸움이다. 내가 운영하는 도메인의 전문가가 되어 AI 툴을 이용해 효율을 높이는 것이다. 가장 보편적인 업무, 텍스트 분야에서 시작할 것이다. ❼

  더 많은 이야기는 북저널리즘 라디오에서 만나요!

하이브 산하 기획사 '어도어(ADOR)'의 신인 그룹 '뉴진스'가 올해 데뷔한 걸그룹 중 최고 성적을 거뒀다. 세계관이 필수 요소가 된 엔터 업계에서 뉴진스는 자연스러움과 친근함을 내세운다. 친근하지만 닮고 싶은 아이돌에서 우리는 어떤 공식을 읽을 수 있을까?
__ 김혜림 에디터

WHY 지금 뉴진스를 읽어야 하는 이유

세계관은 익숙한 문법을 넘어서 필수가 됐다. 마블 유니버스의 글로벌한 성공과 함께 SM과 하이브 등 거대 엔터 기업들이 하나의 그룹에 세계관을 덧씌우기 시작했다. SM의 크리에이티브 디렉터를 거쳐 하이브 산하 기획사의 대표가 된 민희진이 내놓은 뉴진스가 색다른 것은 이 때문이다. 뉴진스는 당연한 듯 여겨졌던 세계관 문법을 당당히 빗겨 섰다. 친근함을 겨냥하는 이들의 전략을 읽으면 관성적인 세계관 바깥의 것이 보인다.

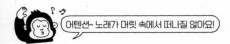

DEFINITION 세계관

• MCU ; 콘텐츠의 세계관은 일종의 가상 세계다. 마블 스튜디오의 개별 캐릭터와 서사는 〈어벤져스〉에서 만나 마블 유니버스가 된다. 〈어벤져스〉를 완벽히 이해하기 위해서는 마블의 다른 영화를 봐야 한다는 뜻이다. 관객은 영화를 보고 과거의 서사에서 실마리를 찾고, 미래의 서사를 예상한다. 한 번 몰입하면 빠져나오기 어렵다.

• EXO ; 2012년 데뷔한 SM의 '엑소'는 엑소플래닛에서 온 초능력자다. 엑소에게 부여된 시간적, 공간적 당위는 단순한 콘셉트가 아니다. 앨범과 뮤직비디오에는 이 세계관을 구축하는 수많은 상징이 숨어있다. 팬들은 데뷔 전 공개된 티저와 새로 공개된 뮤직비디오 사이의 연관성을 찾아낸다. 엑소는 한정적으로만 작동했던 콘셉트를 그룹 단위로 확장했다. 엑소의 성공은 레드오션에 잠긴 엔터 산업에게는

신대륙 발견과도 같았다.

EFFECT 세계관+아이돌

어쩌다 아이돌에게 세계관은 신대륙이 되었을까? 기상천외한
세계관으로 대중의 이목을 끌 수 있다는 것이 다는 아니다. 이른바
'덕질'의 재미를 추구하는 팬들에게 세계관은 부가 콘텐츠가 됐다. 기업
입장에서는 한계가 분명했던 아이돌 산업을 전방위적으로 확장할 수
있는 전략이 됐다.

• 능동적인 팬 ; 엑소는 데뷔 전부터 스물 세 편의 티저를 공개하며
세계관을 설득시키기 위한 초석을 단단히 했다. 팬들은 영화나
드라마를 해석하듯 아이돌 세계관을 소비했다. 음악 분야에서 앨범과
가사를 통해 서사를 풀어나가는 시도는 과거에도 있었다. 영국의 록
스타 데이비드 보위(David Bowie)는 1972년에 발표된 앨범 〈The
Rise and Fall of Ziggy Stardust and the Spiders from Mars〉를 통해
'지기 스타더스트'라는 자신의 가상적 페르소나와 그의 팬인 '화성의
거미'를 다룬다. 첫 번째 트랙에서 지구를 구하기 위해 등장한 지기

스타더스트는 마지막 트랙에서 죽음을 맞는다. 록에 열광했던 팬들은 수수께끼 같은 노래 가사들을 훑으며 지기 스타더스트의 인생 곡선을 해석했다. K팝은 이 팬들의 열정을 토대로 비즈니스 모델을 확장했다.

 사실 세계관은 데이빗 보위의 시절에도 있었던 셈이죠!

• 확장과 연결 ; SM은 초기 단계였던 엑소의 세계관을 'NCT'와 '에스파'로 이어나갔다. 2022년 SM의 세계관은 SMCU로 닿는다. 그룹 단위의 세계관에서 SM 전체의 세계관으로 확장한 것이다. 그에 맞춰 팬덤 커뮤니티 플랫폼도 변화했다. 개별 아티스트와 소통하는 '버블(리슨)'에서 '광야클럽'으로 커뮤니티가 바뀌고 있다. SM의 한 그룹을 좋아하면 광야 세계관으로 엮인 다른 그룹에 관심을 갖게 되고 락인 효과를 발휘한다. 하이브의 전략은 조금 달랐다. BTS의 성장 서사에 내용적 초점을 맞추되 웹툰이나 캐릭터 등으로 미디어를 확장했다. OSMU 전략이 세계관을 통해 가능해졌다. 대세계관의 시대에서 엔터 기업에게 아티스트는 하나의 구성 요소다. 수많은 요소가 엮이는 아이돌 특성상 춤과 노래, 비주얼, 콘셉트, 사람 등을 하나로 엮을 경첩, 즉 세계관이 필요했다.

KEYPLAYER 민희진

민희진의 경력은 2007년 SM에서 시작된다. 소녀시대부터 NCT까지 모두 민희진의 디렉팅을 거쳤다. 민희진은 2019년 SM을 퇴사한 후 하이브로 거처를 옮겼다. 그에게 있어 기획의 원칙은 '정반합'이다. 성공 공식(正)을 만들었다면 새로운 시도(反)로 확장하고 이전을 참고해 더 나은 결과(合)를 만들어 낸다는 의미다. 일종의 진화론에 가깝다. 민희진 영입 이후 하이브도 비슷한 정체성을 내세웠다. '확장-연결-관계'다. 하이브는 플랫폼으로서 산하 기획사와 콘텐츠, 서비스를 연결하고 확장하는 역할을 맡는다. 민희진의 이적은 새로운 '합'을 찾는 과정일 수 있다.

STRATEGY 뉴진스

그렇게 탄생한 민희진 대표의 아이돌 그룹 뉴진스는 에스파와도, BTS와도 달랐다. 뉴진스는 공격적인 확장 가능성과 락인 효과를 노린 세계관 전략과는 다른 곳을 바라보고 있었다.

• 친근함 ; 뉴진스는 이름부터 언제나 편하게 찾을 수 있는 청바지를 표방한다. 친근하고 편안하다는 콘셉트의 핵심에는 뉴진스의 팬덤 플랫폼인 '포닝(Phoning)'이 있다. 포닝은 어도어와 위버스의 합작으로 만들어진 뉴진스의 소통 애플리케이션이다. 공개 첫 날 앱스토어 소셜 네트워크 부문에서 14위를 기록했다. 아티스트가 시작한 실시간 라이브 방송은 팬에게 영상 통화처럼 걸려온다. 친구와 메시지를 주고받고 통화를 하는 듯한 감각을 준다. 캘린더를 통해 모든 멤버의 일정을 확인할 수 있고, 공식 홈페이지에서는 뉴진스의 친구라는 글귀가 적힌 ID카드를 발급받을 수 있다.

• 익숙함 ; 뉴진스는 데뷔 전 티징 단계를 생략하고 바로 뮤직비디오를 공개했다. 한 곡을 네 편의 뮤직비디오로 공개하면서 멤버 개인을 강조했다. 세계관을 외부의 스토리에서 끌고 오는 대신 개인 각자의 서사에 접근하는 방식을 택한 것이다. 모든 멤버를 보려면 뮤직비디오를 네 번 보게 되니 멤버와 노래에 자연스럽게 익숙해진다.

익숙함이라는 테마 자체가 그룹의 정체성이자 진입 장벽이 낮은
세계관이 된 셈이다.

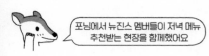

포닝에서 뉴진스 멤버들이 저녁 메뉴
추천받는 현장을 함께했어요

ANALYSIS 뉴진스 문화

뉴진스가 멤버 개인을 내세우면서 팬들도 그들과 같은 개인의 위치에
놓는다. 자연스러움과 익숙함이라는 콘셉트와 합쳐져 팬과 뉴진스
멤버는 '친구'가 된다. 민희진은 이미 힙하고 팝한 디렉팅으로 인기를
얻었다. 개인과 내밀한 소통을 강조하는 전략은 비범하지 않다. 그러나
비범하지 않기에 누구나 뉴진스 문화의 일부가 될 수 있다.

RECIPE 유대감과 진입 장벽 사이

세계관 전략은 타 비즈니스 분야로의 확장을 가능케 하고 팬덤의
유대감과 소속감을 높여주기도 하지만 피로함과 진입 장벽을 높이기도
한다. 음악 평론가 정민재는 본인의 소셜 미디어에 K팝의 세계관이
슬슬 지친다고 토로하기도 했다. 몇몇 팬들은 덕질하기 위해 회사의
세계관을 알아야 한다는 게 힘들다고 이야기하기도 한다. 뉴진스가
개인성을 강조하고 익숙한 디지털 문화를 내세우며 하이틴의 성장
서사를 담아내려는 이유다. 가상만이 주목받는 세계에서 오히려 가까운
물질성을 강조한 것이다. 우주적 범위를 아득히 넘어서는 논문 수준의
세계관을 해석하지 않아도 된다. 그저 그들 사이에 섞이면 된다.

지금의 엔터 산업은 상상 속 유니콘이 아닌 아름다운 백마를 판다.
아무리 노력해도 닿을 수 없는 히어로보다는 나의 친구들일 수 있는
사람이 더 매력적이기 때문이다. 엄청난 규모의 세계관을 내세웠던
그룹도 이런 선망을 무시할 수는 없었다. 팬들은 기획사에서 내놓는
'자컨(자체 제작 콘텐츠)' 영상을 활발히 소비한다. 팬들은 내
가수의 완벽한 모습뿐 아니라 소소하고 인간적인 모습을 원한다.
'비리얼(Bereal)'의 선풍적인 인기는 자연스러움이 트렌디함이 된
지금을 반영한다. 각자가 자신만의 세계를 갖고 성장하는 모습은
자연스럽다. SM의 세계관이 광야라는 공간적 축이라면 어도어의
세계관은 개인과 관계의 성숙이라는 시간적 축을 상정한다. 평범한
'나'의 세계에 밀착하기 위해 세계관은 개인화됐다.

저도 자컨 보는 걸 즐긴답니다

©사진: Annie Spratt

FORESIGHT 가상인간 아이돌?

언젠가 가상인간 아이돌이 인간 아이돌의 자리를 대체할 수 있을까?
가상인간은 영원히 아름답다. 이 말은 성장하거나 늙지 않는다는
의미와 같다. 이 지점을 보완하기 위해 가상인간에는 여러 설정이
덧붙는다. 직업, MBTI, 관심사 등이다. 그런데도 가상인간이 말실수를
하거나 넘어지는 건 기이하다. 지금은 어느 때보다 가상의 힘이
강하지만 동시에 연결과 물성을 내세우는 레트로가 유행하는 시대다.
가상에만 집중하면 또 다른 흐름을 놓칠 수 있다. 아이돌 산업은
그들을 닮고 싶고 가까워지고 싶은 욕망을 연료 삼아 작동한다.
가상인간 아이돌은 자컨과 팬미팅의 감각을 만들어낼 수 있을까? ⓣ

  더 많은 이야기는 북저널리즘 라디오에서 만나요!

음악 스트리밍 플랫폼 '스포티파이(Spotify)'가 음악 퀴즈 게임인 '허들(Heardle)'을 인수한다고 밝혔다. 글로벌 크리에이터 플랫폼으로 도약하고자 하는 스포티파이에게 허들은 단순한 퀴즈 게임 이상이다. 그러나 스포티파이의 한국 시장 입지는 그리 탄탄하지 않다.

__ 김혜림 에디터

그 어느 때보다 스트리밍 시장이 치열하다. 굳건한 글로벌 1위 자리를
지키는 스포티파이에게도 이 과열은 유쾌하지 않다. 음원 스트리밍
시장의 다변화와 경쟁 플랫폼의 성장세에 맞서 새로운 수익 구조가
필요했다. 스포티파이가 주목한 핵심은 크리에이터와 이용자에 있었다.
스포티파이의 허들 인수는 그들의 주요 비즈니스 전략과 무관하지
않다.

• 개인화 ; 스포티파이의 강점은 무엇보다 알고리즘에 기반을 둔
개인화 서비스였다. 사용자는 스포티파이에 자신의 음악 취향을
기록할 수 있었고 스포티파이는 기존 기록을 토대로 사용자에게
새로운 아티스트를 추천했다. 실제 스포티파이 청취자가 가장 큰
만족도를 보이는 것이 개인화 서비스다. 81퍼센트 이상의 청취자는
스포티파이의 강점을 강력한 개인화와 다변화된 검색 서비스로 꼽았다.

• 오디오 콘텐츠 ; 이제는 개인화 서비스만으로 자리를 지키기 쉽지
않다. 알고리즘 기반 개인 추천 서비스는 대부분의 음원 스트리밍
플랫폼에서 누릴 수 있게 되었고, 경쟁 플랫폼인 유튜브 뮤직과
애플 뮤직은 각자의 뚜렷한 강점이 있다. 스포티파이의 전략은
오디오 콘텐츠 강화였다. 스포티파이는 작년 11월 오디오북 업체인
'파인드어웨이(Findaway)'를 인수하고 콘텐츠에 광고를 붙여 새로운
수익 구조를 형성했다. 출판사와 크리에이터를 스포티파이에 끌어 오고
플랫폼에 머무는 이용자를 늘리기 위한 전략이었다.

• 상호 작용 ; 아티스트와 팬 사이 상호 작용을 강화하는 것 역시

스포티파이의 전략이었다. 스포티파이에 의하면 아티스트는 어플 내에서 직접 라이브 공연 방을 열 수 있고, 신보를 홍보하거나 특별한 순간을 팬과 함께 기념할 수 있다. 콘서트 티켓이나 굿즈 홍보는 물론 직접 팁을 받으면서 아티스트는 저작권료 외의 수익을 올릴 수 있다.

DEFINITION 허들

허들은 단어 추론 게임인 '워들(Wordle)'에서 영감을 받은 음악 퀴즈 게임이다. 플레이어는 음악의 첫 부분을 듣고 그 음악이 어떤 음악인지 맞춰야 한다. 총 여섯 번의 기회가 주어진다. 스포티파이가 허들을 인수하면서 플레이어는 퀴즈가 끝난 후 스포티파이에서 무료로 전곡을 들을 수 있게 됐다. 퀴즈로 나온 노래가 마음에 들었다면 자신의 플레이리스트에 손쉽게 저장할 수 있다.

> 알고리즘 데이터 확보를 위한 큰 그림일 수도?

EFFECT 스포티파이+허들

• 발견과 확장 ; 단순한 퀴즈 게임의 장점은 낮은 진입 장벽이다. 스포티파이는 음악과 퀴즈 게임을 연결한 허들을 통해 더 큰 확장을 노리고 있다. 알고리즘에 기반을 둔 개인화된 플레이리스트는 청취자의 취향에 맞는 새로운 음악을 발견하고 추천했다. 허들 역시 비슷한 야심을 공유한다. 플레이어는 게임을 통해 새로운 아티스트를 발견하고 취향을 확장할 수 있다.

• 데이터 ; 허들을 통해 새로운 음악을 접한 청취자가 특정 음악을 자신의 플레이리스트에 저장했다면 스포티파이 입장에서는 새로운

데이터가 쌓인 셈이다. 매일 제공되는 수많은 음악 퀴즈 중에서 청취자가 특정 음악을 '선택'했기 때문이다. 플레이어의 게임 기록은 장기적으로 스포티파이의 개인화 서비스를 정밀하게 고도화한다. 새로운 발견과 합쳐진다면 청취자는 음악을 더 많이 듣고, 자신의 취향을 더 넓게 탐색한다. 스포티파이 플랫폼에 머무는 시간이 늘어날 수밖에 없다.

• 홍보 ; 허들은 청취자뿐 아니라 크리에이터에게도 새로운 창구다. 대형 기획사나 광고, 차트 진입이 아니면 새로운 청취자와의 접점을 만들기 어려웠던 아티스트에게 허들은 또 다른 기회를 열어준다. 스포티파이는 허들 인수를 밝히는 보도 자료에서 허들 서비스를 다음과 같이 표현했다. "허들을 통해 사람들은 잊었던 오래된 트랙을 재발견하거나, 놀라운 신인 아티스트를 발견하거나, 계속해서 머리에 맴돌던 음악의 제목을 알 수 있을 것이다."

REFERENCE 워들

올해 1월, 뉴욕타임즈는 단어 추론 게임인 워들을 인수했다. 개발 한 달 차인 11월에는 하루 이용자가 90명에 불과했으나 소셜 미디어를 통해 입소문을 타며 올해 1월 기준 30만 명 이상의 이용자 수를 기록했다. 워들과 허들 모두 애플리케이션이 아닌 웹 기반으로 운영된다. 때문에 접근이 쉽고 빠르다. 게임 규칙이 간단하기 때문에 복잡한 사용자 경험을 설계할 필요도 없다. 유저들은 정답을 공개하지 않고도 자신의 플레이 기록을 공유할 수 있다. 접근이 쉬운 덕분에 워들은 빠르게 사용자를 늘리고, 네트워크를 형성할 수 있었다. 트위터에는 자신의 워들 플레이를 공유하는 해시태그가 수도 없이 업로드된다.

사람들이 게임하는 걸 구경하는 것도 하나의 재미!

• 구독의 한계 ; 스포티파이의 전 세계 점유율은 35퍼센트다.
2위인 애플 뮤직과 두 배 이상 차이가 난다. 괄목할 만한 성과지만
한편으로는 더 큰 확장이 어렵다는 말과도 같다. 태생적인 구독
서비스의 한계이기도 하다. 수익 구조 다변화는 스포티파이에게 있어
필연적인 선택이었다.

• 콘텐츠 ; 중요한 것은 콘텐츠의 양과 질이다. 스포티파이는
오디오 북과 팟캐스트를 강화해 콘텐츠 풀을 확장했다. 높은 음악
저작권료에서 자유로워지는 전략이기도 했다. 최근 한국의 오디오
스트리밍 시장도 비슷한 방향으로 발전하고 있다. '플로'와 '지니뮤직',
'벅스' 등의 스트리밍 플랫폼은 '윌라', '밀리의 서재' 등 오디오 북
서비스와 제휴를 맺고 콘텐츠를 제공하고 있다.

• 커뮤니티 ; 허들과 같은 퀴즈 게임은 청취자와 다른 청취자를
연결하는 하나의 네트워킹 사다리가 될 수 있다. 플레이어는 소셜
미디어에 오늘의 퀴즈를 링크와 함께 공유하고, 음악에 대한 짧은
감상평을 남긴다. 게임은 플레이어와 플레이 과정에 따라 다양한
결과를 낸다. 독특한 사용자 네트워킹 경험을 줄 수 있다. 사용자는
자발적으로 게임을 홍보하게 되고, 이는 자연스러운 확장을 가져올 수
있다.

©사진: Clint Adair

스포티파이의 창립자 다니엘 에크(Daniel Ek)는 오페라 가수인
외할머니와 재즈 피아니스트인 외할아버지 밑에서 자랐다. '냅스터'와
같은 무료 P2P 사이트의 등장 이후 음원 시장은 크게 흔들렸다.
크리에이터에게 직접 적합한 수익을 제공하는 스포티파이 모델은
에크에게 있어 하나의 원칙이었다. 결국 스포티파이는 크리에이터를
위한 공간이 되고자 한다. 이를 위해 팬과의 접촉 공간을 늘린다.
크리에이터 이코노미 강화는 스포티파이만의 전략이 아니다.
'핀터레스트'는 크리에이터와 쇼핑을 연결하는 커머스 서비스를
시작했으며, '틱톡' 역시 크리에이터를 끌어들이기 위한 마켓 전략을
다각적으로 펼치고 있다. 허들은 스포티파이에게 단순한 퀴즈 게임이
아니다. 마켓 플레이스를 위한 보조적 도구이자 팬과 크리에이터
모두를 만족시키는 핵심 전략이다.

©사진(위): Alexander Shatov ©사진(아래): Shingi Rice

ANALYSIS 한국 시장

한국 시장의 상황은 어떨까? 아직 한국 스포티파이는 갈 길이 멀다.
작년 2월 국내 시장에 진입한 이후 이렇다 할 성과를 내지 못하고 있다.
스포티파이와 제휴를 이어왔던 LG U+는 지난 7월 스포티파이 제휴를
종료하겠다고 밝혔다. 음원 추천 서비스는 이미 다른 토종 스트리밍
플랫폼에서도 제공하고 있는 서비스다. 게다가 높은 이용료와 초기
저작권 확보 문제 등이 발목을 잡았다. 한국의 경우 통신사가 직접
음원 플랫폼을 운영하고 있는 경우가 많아 새로운 유료 구독을 이끌기
쉽지 않다. 외국의 경우 광고가 포함된 무료 멤버십이 있는 반면,
한국의 경우 음원 저작권료가 높게 설정돼 있어 무료 멤버십 개설이
어려운 상황이다.

RISK 한국의 팬덤 문화

팬과 아티스트 사이의 상호 작용 역시 한국 시장에서는 이미 형성된
것들이다. 디어유의 '버블', 하이브의 '위버스'는 수많은 아티스트와
팬이 직접적으로 소통하는 창구를 제공하고 있다. 7월 18일에는
위버스가 브이라이브와 점진적으로 통합하며 팬덤 라이브 기술을
선보일 것이라 발표하기도 했다. 팬덤 문화가 이미 확고하게 자리 잡은
K팝 시장의 경우 새로운 진입이 쉽지 않다. K팝의 파급력이 높아질수록
스포티파이가 활용할 수 있는 상호 작용 기회는 줄어드는 셈이다.

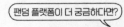

팬덤 플랫폼이 더 궁금하다면?

지난 7월 15일 KT는 '기가지니 송퀴즈' 서비스를 출시했다. 허들과
비슷한 형태다. 다만 더 빠르다. 게다가 송퀴즈는 KT의 음원 스트리밍
플랫폼인 지니뮤직의 인기 차트를 기반으로 한국 소비자에게
익숙한 노래를 제공한다. 이미 스포티파이의 허들은 시간 싸움에서
지니뮤직에게 밀렸다. 허들만 늦은 것이 아니다. 이미 한국 음원
스트리밍 서비스는 멜론을 비롯한 토종 플랫폼이 장악하고 있다. 대형
기획사와의 협업을 통해 아티스트 홍보 역시 진행하고 있다. 대형
기획사는 이미 팬과 아티스트의 소통 창구를 장악했다. 스포티파이가
한국 시장 부진을 넘어 진정한 글로벌을 섭렵하기 위해서는 더 빠른
대처가 필요하다. 해결해야 할 문제는 많다. 오디오 북과 팟캐스트 등의
콘텐츠를 한국 시장에 도입해야 하고, 기존 기획사 및 아티스트와의
강력한 협업이 필요하다. 스포티파이만의 강점이었던 개인화
서비스에서의 초격차까지 노려야 한다. 이미 스포티파이는 뒤처졌다.
뒤처진 만큼 잡을 수 있는 것들이 많지 않다. 결국은 시간 싸움이다. ☏

  더 많은 이야기는 북저널리즘 라디오에서 만나요!

고인플레이션(高inflation)이 전 세계를 덮쳤다. 우리나라도 예외는
아니다. 한 푼이라도 아껴야 하는 현실이 MZ세대의 '무지출 챌린지'로
포장됐다. 이건 트렌드가 아니다. 우리 사회가 마주한 양극화다.
___ 정원진 에디터

- 전 세계가 인플레이션으로 떨고 있는 지금, 우리나라에서 MZ세대의 '무지출 챌린지'가 주목받고 있다. 무지출 챌린지는 말 그대로 하루 종일 지갑을 열지 않고 생활하는 것을 말한다.

- 인플레이션은 낯설지 않은 단어가 됐다. 하지만 여전히 삶에 와닿진 않았다. 대외경제정책연구원(KIEP)의 보고서에 따르면, G20 소비자 물가 지수는 1년 전보다 5.3퍼센트 올랐다. 2021년 이전 평균 상승률은 2.73퍼센트였다. 숫자만 보고 상황의 심각성을 바로 깨달을 수 있는 사람은 많지 않다. 하지만 "인플레이션 때문에 MZ세대가 굶고 있다"는 문장엔 모두가 고개를 끄덕인다.

- 하루 종일 돈을 쓰지 않고 생활하는 것은 MZ세대의 챌린지가 아니다. 현실이다. MZ라는 쉬운 문법이 가린 현실을 봐야 한다.

ANALYSIS 욜로와 무지출 사이

MZ세대는 단일한 집단이 아니다. 이들을 그저 나이로만 엮는 덴 한계가 있다. 미디어에서 소비되는 MZ세대의 특징은 모순적이다. 욜로(YOLO)와 무지출 사이를 오간다.

- 지갑 여는 MZ ; 코로나19를 기점으로 MZ세대는 골프 업계의 큰손으로 떠올랐다. 유원골프재단의 통계 자료에 따르면, 30대 이하 골프 인구는 이미 2020년 100만 명을 돌파했다. 또 BC카드 AI빅데이터본부의 분석에 따르면 2030 세대 골프 관련 매출 비중은

2년 사이 두 배 가까이 상승했다. 고물가에도 MZ세대의 골프 바람은
사그라들지 않고 있다.

• 지갑 닫는 MZ ; 한편 짠테크 바람도 불고 있다. 원하는 품목을
지정하면 한 달 동안 할인받을 수 있는 유료 멤버십 서비스 'CU 구독
쿠폰 서비스'는 올해 6월까지 가입자가 51.4퍼센트 증가했다. 걷기,
영수증 인증 등으로 현금처럼 사용할 수 있는 포인트를 얻을 수 있는
캐시슬라이드, 네이버 마이플레이스도 MZ세대 사이에서 인기를 얻고
있다.

여가에 투자할 만큼의 재력을 갖춘 MZ세대도 있는 반면, 적립금
100원에 필사적인 MZ세대도 있다. 경제적 수준에 따라 MZ세대를 나눠
봐야 한다. 그러면 양극화가 보인다.

앱 쿠폰 모으는 걸 '디지털 페지 줍기'라고도 한대요

DEFINITION K자형 회복

경제적 수준은 회복의 양극화를 낳는다. K자형 회복이란 고소득
노동자는 경기 침체에서 빠르게 회복하고 저소득 노동자의
경제 상황은 더 악화되는 현상을 말한다. 실제 코로나19 팬데믹
회복세에서도 이러한 경향이 드러나고 있다. IT 기업은 코로나19로
시중에 풀린 유동성과 거리두기 해제의 수혜를 입고 있는 반면,
코로나19의 피해를 떠안은 자영업자·소상공인은 여전히 대출에 묶여
있다. 고인플레이션의 여파도 경제적 수준에 따라 다르게 나타날
것이다.

K자형이라니. 시간이 갈수록 양극화도 더 심해지겠군요

©사진: jozefmicic

KEYPLAYER 정부

정부는 먼저 고물가라는 급한 불을 끄기로 했다. 밥상 물가 잡기에
나섰다. 굶는 사람은 없도록 하겠다는 것이다. 지난 7월 8일 열린 제1차
비상경제민생회의에서 관련 대책들이 마련됐다. 장바구니 물가와
직결되는 돼지, 소, 닭고기 등에 대한 할당관세 면제, 농축수산물 할인
쿠폰 등의 내용이었다. 하지만 에너지·원자재발 인플레이션이 경제를
흔들고 있는 시점에 지금 정부의 정책만으로는 장기적으로 한계가
있다는 지적이다.

STRATEGY 금리 인상

관세 면제나 보조금을 지급하는 방식은 한정된 예산을 쏟는 일이다.
앞서 언급된 농축수산물 할인 쿠폰에 편성된 예산은 예비비 500억
원이다. 500만 명이 혜택을 볼 수 있지만, 1인당 체감 효과는 1만 원에
불과하다. 결국 정부는 마지막 카드에 손을 댈 수밖에 없다. 통화 정책,
즉 금리 인상이다. 한국은행도 계속해서 기준금리 인상을 시사하고
있다.

 만원의 행복이 생각나는군

©사진: Mathieu Stern

RISK 취약차주

고인플레이션에 따른 금리 인상은 취약차주부터 무너뜨린다.
취약차주는 3개 이상 금융 회사에서 대출을 받은 동시에 저소득 상태에
놓인 차주를 말한다. 우리나라 청년 4명 중 1명은 이미 취약차주에
해당하거나 잠재적 취약차주에 해당한다. 한국은행의 '청년층 가계대출
상황 점검' 보고서에 따르면, 올 1분기 말 청년층의 취약차주 혹은
잠재적 취약차주는 24퍼센트에 달했다. 우리나라 청년 4명 중 1명이
고인플레이션에 흔들리고 있다.

> 결국 가장 아래부터 흔들리고 있네요

RECIPE 빚 탕감?

얼마 전 금융위원회는 제2차 비상경제민생회의에서 '125조 원+*a*'
규모의 채무 부담 경감 프로그램을 발표했다. 금융 취약층의 부채
부담을 덜어주려는 목적이었다. 청년의 빚을 탕감해줄 수 있다는
'청년특례 채무조정 제도'가 포함됐다. 신용회복위원회를 통해 이자
감면, 상환 유예 등을 지원하겠다는 게 골자였다. 1년간 한시적으로

시행하기로 했으며 대상 청년은 34세 이하, 약 4만 8000명 정도였다.

CONFLICT 형평성

논란이 거셌다. 영끌, 빚투로 대변되는 청년 대출을 국가가 변제해주는
건 온당하지 않다는 비판이었다. 이에 김주현 금융위원장은 "청년 지원
정책은 일부일 뿐이고, 원금 탕감 조치는 어떤 경우에도 허용되지 않고
대출 만기 연장과 금리를 일부 낮춰주는 조치를 취할 것"이라고 진화에
나섰다. 이번 제도는 별도 지원이 없이는 원금 상환이 어려운 청년
차주가 낮은 금리로 전액 상환할 수 있도록 유도하는 데 취지가 있다고
밝혔다.

NUMBER 7.7배

통계청의 2019년 기준 가계금융복지조사에 따르면 19~만 34세에
해당하는 청년층 내 소득 격차는 7.7배다. 소득 1분위에 해당하는
저소득 청년층 평균 소득은 84만 9000원, 고소득 청년층은 655만
6000원이었다. 평균 자산은 저소득 청년층 6000만 원, 고소득 청년층
15억 7000만 원으로 드러났다. SBS가 개인 회생 절차를 밟고 있는
20대 서울 청년 512명을 대상으로 한 조사에 따르면, 43퍼센트가 빚의
원인으로 생활고를 지목했다. 또 부모나 친지로부터 생활비를 지원받지
못하는 청년이 79퍼센트, 도움을 청할 곳이 없는 청년이 66퍼센트였다.
김주현 금융위원장이 언급한 "별도 지원이 없이는 원금 상환이 어려운
청년"이 실제로 존재하는 것이다.

전 세계적으로 흔들리는 경제 속에서 모두가 영향을 받고 있지만, 이를 체감하는 정도는 경제적 수준에 달라진다. 21년 만에 국내 엥겔 지수가 최고치를 기록했다. 저소득층일수록 식료품이 지출 총액의 높은 비율을 차지한다. 줄이고 줄이면 남는 건 결국 식비다. 고물가 시대, 누군가 여가 활동을 포기할 때 누군가 포기하는 건 밥 한 끼가 될 수도 있다는 뜻이다. K자형 양극화 시대에서 이러한 격차는 시간이 갈수록 더 커질 것이다. 경기 회복 이후까지 내다봐야 하는 이유다.

여가 활동과 밥 한 끼라. 간극이 너무 큰 것 아닌가요?

©사진: Viki Mohamad

FORESIGHT 시간 싸움

MZ라는 쉬운 문법은 우리 사회의 많은 문제를 가려 왔다. MZ세대를 트렌드로만 유리한 대로 해석하고 있다. MZ세대는 더 이상 단일한 집단이 아니다. 꽤 오래전 시작된 양극화, 그 간극 사이에서 탄생한 세대다. 어쩌면 너무나 다른 환경에서 자라온 MZ세대를 하나로 묶으려는 동안, MZ세대 내 간극은 더 커졌을지 모른다. 이제라도 MZ세대라는 가림막을 치우고 진짜 문제를 마주할 때다. 시간이 흐르면 흐를수록 간극은 더 커진다.

지금 대형 마트엔 가성비와 프리미엄이 한데 모여 있다. 치솟는 물가에 이마트는 시즌 대표 먹거리 상품을 업계 최저가로 공급하는 '가격의 끝' 프로젝트를 진행했다. 한편 판데믹 이후 보복 소비로 수요가 증가한 프리미엄 상품도 확대했다. 상대적으로 고소득층이 많이 거주하는 동탄 지역의 이마트 트레이더스 지점에선 슈퍼카, 소형 주택, 골프 박스가 팔리고 있다. 한쪽에선 가격의 끝을 외치는 동안, 한쪽에선 2억 6500만 원짜리 중고 페라리가 팔리고 있다. 그리고 이는 대형 마트 업계의 트렌드로 해석된다. 트렌드라는 이름을 씌우는 순간, 모든 문제의 심각성은 희석된다. 끝과 끝에 닿아 있는 사회 문제가 아닌 잠깐의 현상으로 축소된다. 무지출 챌린지를 MZ세대의 트렌드로 보는 것도 마찬가지다. ❶

더 많은 이야기는 북저널리즘 라디오에서 만나요!

06 위스키의 향기는 ESG하지 않다

위스키의 깊은 풍미는 유죄다. 탄소 중립 관점에서 그러하다. 이제 기후
위기는 직접적인 생사의 문제가 되었다. 위스키 업계도 변화하고 있다.
지속 가능한 취향을 위해 사치의 정의를 다시 내려야 할 때이다.

__ 신아람 에디터

DEFINITION1 PEAT

위스키를 삼키는 행위는 향을 삼키는 행위이다. 겹겹이 쌓인 향이 후두부에서 코끝으로 퍼져나가는 순간, 사랑에 빠지게 된다. 이 섬세하고 강렬한 향은 다양한 요소에 의해 만들어진다. 위스키를 숙성시키는 오크통인 캐스크(Cask), 증류 방법, 수원(水原)이나 원료 등이 그것이다. 스카치위스키에서는 피트(Peat)가 특히 중요하다. 흔히 아드벡이나 라프로익 등 아일라 싱글 몰트의 가장 큰 특징으로 꼽히는데, 매캐한 탄 냄새 같은 향을 만드는 것이 바로 피트이다. 우리말로 번역하면 '이탄(泥炭)'이다.

BACKGROUND 이탄

이탄은 말 그대로 진흙 상태의 석탄이다. 식물이 땅에 묻혀 시간과 열, 압력을 받아 돌이 되는 과정을 거치면 석탄이 되는데, 이탄은 불완전 분해된 식물이 습한 지역에 쌓여 만들어진다. 쉽게 말하자면 진흙 반, 석탄 반이다. 탄소 함유량은 60퍼센트 미만이고, 지표면에서 바로 얻을 수 있다. 때문에 거름으로 쓰이기도 하고 말려서 난방용 연료로 쓰기도 했다. 인도네시아의 이탄지(泥炭地)가 특히 잘 알려져 있고, 스코틀랜드 지방에도 음산하고 우중충한 날씨 탓에 이탄층이 펼쳐져 있다.

CONFLICT 위스키와 탄소

스코틀랜드 습지에 널린 값싼 이탄은 위스키 제조 과정에서 맥아를 말리기 위한 땔감으로 사용되었다. 거름도 아닌 것이 석탄도 아닌 존재, 이탄으로 불을 피우니 당연히 강한 연기가 날 수밖에 없다. 그 향이 위스키에 깊이 스며들어 고유의 훈연 향, 강한 피트를 만들어내는 것이다. 이 매캐한 풍미가 매력이 된다. 애호가들은 피트에서 위스키가 만들어지는 거친 자연을 느낀다고도 표현한다. 그런데 이 과정에 대해 이의가 제기되고 있다. 위스키 제조를 위해 이탄 습지를 희생하는 과정이 과연 올바른가 하는 문제다. 전 지구적인 영향을 고려하지 않더라도 아일랜드와 영국에서는 이탄지대가 전체 식수의 약 85퍼센트를 공급한다. 게다가 이탄지는 지구 표면의 3퍼센트를 덮고 있을 뿐이지만, 전 세계 모든 숲보다 두 배나 많은 탄소를 품고 있다.

RISK 이탄지의 비극

우리나라에서는 생소한 논의일 수 있지만, 사실 이탄지는 전 세계적으로 주목받고 있다. 지구 온난화를 늦춰줄 중요한 '탄소 흡수원'인 동시에 파괴 과정에서 엄청난 양의 탄소를 배출해 버릴 수도 있는 '탄소 시한폭탄'이기도 하기 때문이다. 지난 2019년 발생했던 인도네시아 산불은 두 달째 계속되었다. 이탄지 지역에서 계속해서 번져가는 불길을 잡기 힘들었던 점이 원인 중 하나였다. 이탄지에 불을 지르면 비옥한 농토가 된다. 야자나무를 심어 팜유를 생산할 수 있다. 인도네시아 정부는 식량 안보의 논리를 들어 이탄지 개간 문제에 유보적인 입장을 취해 왔다. 최근 콩고는 이탄지를 포함한 석유 및 가스 매장지들을 경매에 부치기로 결정했다. 전문가들의 경고가 이어지고 있지만 콩고 정부는 기근에 내몰린 국민부터 챙겨야 한다는 입장이다.

영국에서는 정원을 가꿀 때 이탄을 거름으로 쓰는 경우도 많대!!

DEFINITION2 기후 위기 시대의 사치

위스키의 고민은 여기서 시작된다. 먹고 살기 위해 이탄지를 파괴하는
인도네시아나 콩고를 향해 우려의 목소리가 나오고 있는 가운데,
호사스러운 취향을 위해 이탄을 사용하는 것이 정당화될 수 있느냐는
근본적인 질문이 나오고 있는 것이다. 당장 위스키의 본고장 영국은
올여름 살인적인 폭염을 호되게 겪고 있다. 경험해 본 적 없는 열기
앞에 시민들이 쓰러졌다. 내년에는, 내후년에는 더욱 잔인한 여름이
예고되어 있다. 기후 위기의 시대, 더 이상 사치의 기준은 가격일 수
없다. 이탄은 분명 저렴하다. 그러나 농밀한 한 모금을 즐기기 위해
이탄을 사용하는 것은 이제 명백한 사치다.

ⓒ사진: Thomas Park

RECIPE 위스키 2.0

그렇다면 우리는 스카치위스키를 그만 마셔야 할까? 여기에 답을
내놓고 있는 증류소들이 있다. 탄소 중립을 지키며 취향도 함께
지키는 방법을 고민하고, 이를 적극적인 마케팅의 일환으로 활용하는
증류소들이다.

• 눅니안(Nc'nean) ; 스코틀랜드 서해안에 자리 잡은 눅니안 증류소는 이탄을 사용하지 않는다. 피트를 포기한 대신 눅니안의 위스키에는 두 가지 다른 풍미가 담겼다. 진으로 착각할 정도로 강한 베리 향과 하이볼에 적합한 레시피를 함께 표시하는 마케팅 전략이다.

• 브뤼클라딕(Bruichladdich) ; 브뤼클라딕 증류소는 아드벡이나 라프로익 등 강한 피트를 특징으로 하는 증류소들이 자리 잡고 있는 아일라섬에 위치한다. 브뤼클라딕은 2025년까지 증류 공정에서 탄소 제로를 실현하기 위한 계획을 실현 중이다. 솔루션은 바로 수소 에너지다. 위스키 제조 공정에 사용되는 연료를 수소로 전환해 온실가스 배출 없이도 위스키를 즐길 수 있는 미래의 청사진을 그리겠다는 것이다.

• 벨그로브(Belgrove) ; 피트를 포기하되 포기하지 않은 증류소도 있다. 호주 테즈메이니아에 위치한 벨그로브 증류소가 바로 그렇다. 이곳에서는 이탄 대신 양의 배설물을 사용해 피트의 풍미를 재현한다. 유명 셰프 고든 램지가 품질을 인정한 바 있다.

KEYPLAYER SWA

영국 스카치위스키협회(SWA)도 탄소 중립 위스키라는 시대적 흐름에 동참했다. 오는 2040년까지 'net zero' 즉 온실가스 순 배출량 '0'을 달성하겠다는 계획을 내놓은 것이다. 기본적으로 발효주를 가열하여 생산하는 '증류주'의 특성상, 위스키는 엄청난 양의 화석 연료에 의존할 수밖에 없다. 이를 상쇄하기 위한 전략은 다양하다. 위스키 찌꺼기를 활용한 바이오 연료, 100퍼센트 재생 유리를 사용한 위스키 병, 천연

냉각지를 거쳐 온 물을 재활용하는 방식 등이 활용되고 있다. 위스키 생산업자들이 탄소 중립에 동참하게 된 것은 사실 생존 전략에 가깝다. SWA의 모라그 가든 지속 가능성 책임자는 "위스키 생산업자들이 기후 변화에 따른 가뭄이 보리 작황에 악영향을 주고, 홍수도 물품 운송 등에 위협이 된다는 사실을 깨닫고 있다"고 이야기한다.

FORESIGHT 가치 소비

이러한 흐름은 바다 건너 영국만의 이야기일까? 우리나라도 이제 이 논의를 피해 갈 수 없다. '3차를 위한 술'이란 딱지를 떼고, 위스키가 본격적인 대중화의 흐름에 올라탔기 때문이다. 이를 주도하고 있는 것은 다름 아닌 '가치 소비'의 중심에 있는 20~30대다. 관세청 통계에 따르면 작년 위스키 수입액은 1억 7535만 달러로 2020년 대비 32.3퍼센트 급증했다. 와인의 대중화 이후 유기농 와인이 중요한 트렌드로 주목받았던 것을 생각하면 위스키의 소비에도 비슷한 경향을 예측해 볼 수 있다. 특히, 위스키가 취향의 영역이라는 점이 중요하다. 무엇을 선택하여 즐기느냐가 자아 정체성의 일부가 된다. 가치 소비에 딱 맞는 타깃이 될 수 있다.

INSIGHT 한 모금의 가치

취향은 무죄다. 그러나 무관심은 유죄다. 섬세하고 예민한 감각을 충족시키는, 한 모금이 지속 가능하려면 그 향의 진정한 가치에 관해 관심을 기울일 의무가 있다. 위스키는 사실, 수많은 사례 중에 하나일 뿐이다. 이 뜨거운 여름을 원망하기 전에 우리 삶의 방식 전반을 의심해 볼 필요가 있을지도 모른다. 우리 삶이 앞으로도 오랫동안, 향기롭기 위해서는 말이다. ❤

미국 아이스크림 브랜드 벤앤제리스(Ben&Jerry's)가 이스라엘 정착촌에서 자사 제품을 판매하지 않겠다고 선언했다. 모회사 유니레버(Unilever)가 이스라엘 사업권을 매각하겠다고 밝히며 갈등이 두드러졌다. 문제의 핵심은 모회사와 자회사 간 갈등이 아니다. 성숙한 행동주의에 대한 요청이다. __ 이다혜 에디터

DEFINITION 벤앤제리스

• 미국의 아이스크림 브랜드다. 벤(Ben Cohen)과 제리(Jerry Greenfield)가 만들었다. 스쿱 샵 운영은 물론 완제품도 전 세계로 수출 중이다. 국내에선 DV점 중심으로만 운영한다.

• 우수한 식감을 자랑한다. "아이스크림은 부드러워야 한다"는 기존 편견을 탈피해, 수분 함량을 낮춰 꾸덕한 텍스처를 만들었다. 초콜릿, 견과류 등 큼직한 청크도 아낌없이 넣었다.

• 행동주의 기업으로 유명하다. 공식 홈페이지에 '가치관(VALUES)' 탭이 따로 마련되어 있을 정도다.

KEYPLAYER Ben & Jerry

공동 창업자 벤과 제리는 미국 뉴욕에서 태어나 동네 친구로 지냈다. 둘 다 1951년생이다. 60, 70년대 히피 문화와 반전 시위를 일상처럼 겪은 그들이 사회 문제에 관심을 갖는 것은 당연한 일이었다. 각자 사업과 학업의 실패를 겪은 뒤 1977년, 벤과 제리는 미국 동부의 버몬트주로 향한다. 복잡한 뉴욕을 벗어나 한적한 교외에서 제2의 삶을 시작한 그들이 창업 아이템으로 택한 것은 아이스크림. 1978년, 고작 1만 2000달러 소자본으로 벌링턴 시내 버려진 주유소 공간을 사들여 작은 아이스크림 가게를 열었다. 벤앤제리스의 시작이었다.

©사진: Rafael Ben-Ari

창업 5년간 벤앤제리스 아이스크림은 버몬트 주 사람들의 마음을 사로잡으며 순풍을 탔다. 그러나 그들의 목표는 단순히 맛 좋은 아이스크림을 만드는 것 이상이었다. 1)맛있는 아이스크림을 만들 것, 2)지속 가능한 경제 성장을 도모할 것, 3)세상을 보다 나은 공간으로 만들 것. 벤앤제리스의 세 가지 사명이다.

• 본격적으로 사회적 목소리를 내기 시작한 것은 1988년이다. 비영리 재단을 설립하고 미 국방비 예산의 1퍼센트를 평화주의적(peace-promoting) 행동을 위한 예산으로 바꿔야 한다는 목소리를 냈다.

• 2005년에는 북극의 유정 굴착 사업을 비판하며 베이크드 알래스카(Baked Alaska)맛 아이스크림을 출시했다. 미 국회의사당 앞에서 초대형 아이스크림을 떠먹는 퍼포먼스로 화제가 됐다.

• 벤앤제리스가 출범한 버몬트 주에서 동성혼 합법화 법안이 통과된 2009년에는 기존 '처비 허비(Chubby Hubby)' 맛을 '허비 허비(Hubby Hubby)'맛으로 바꿨다.

• 트럼프 미국 전 대통령의 정책들을 비판하는 '피칸 레지스트(Pecan Resist)' 맛도 출시했다. '우리는 저항할 수 있다(We Can Resist)'와 발음이 유사한 것은 우연이 아니다.

'Hubby'는 영어 단어 'Husband(남편)'의 애칭!

©사진: Ben&Jerry's 홈페이지

MONEY 9억 3600만 달러

벤앤제리스 행동주의의 효과는 실적으로 이어졌다. 지난해 미국
아이스크림 브랜드 1위는 하겐다즈가 아니었다. 벤앤제리스였다.
지난해 기준 9억 3600만 달러, 한화 약 1조 2270억 원 어치
아이스크림을 팔았다. 2위인 하겐다즈를 약 2억 달러 차이로 앞지른다.

CONFLICT 유니레버

아이러니하게도 이번 벤앤제리스의 액션에 제동을 건 것은 모회사
유니레버(Unilever)였다. 유니레버는 지난 2000년 벤앤제리스의
독립적인 이사회를 존중한다는 독특한 조건 하에 벤앤제리스를
인수했다.

 • 지난해 7월, 벤앤제리스는 서안 지구(West Bank)와 동예루살렘(East
Jerusalem)에서 자사 제품을 팔지 않겠다고 선언했다. 이스라엘과
팔레스타인의 반응은 엇갈렸다. 이스라엘의 나프탈리 베네트 총리는
법적 조치 등을 비롯해 벤앤제리스 측에 강력히 대응하겠다 밝혔다.
반면 팔레스타인 연대 운동(Palestinian Solidarity Campaign) 측은
"역사의 흐름이 바뀌고 있다"며 벤앤제리스의 행동에 찬사를 보냈다.

• 타격을 입은 것은 모회사 유니레버다. 벤앤제리스의 선언 직후
유니레버의 주가는 13퍼센트 하락했다. 경쟁사 P&G 컴퍼니와
네슬레에 비해 부진한 실적과 더불어, 지나친 ESG 경영에 대한
주주들의 비판이 큰 압박으로 작용했다.

• 이에 유니레버 측은 벤앤제리스의 이스라엘 사업권을 협력 업체에 매각하기로 발표했다. 35년 전통의 행동주의 철학을 고수해 온 벤앤제리스가 가만 있을 리 없다. "유니레버가 자사의 사회적 미션을 훼손한다"며 현지 시간 8월 8일, 유니레버 매각권에 대해 법원에 가처분 신청을 했다.

서안 지구와 동예루살렘은 이스라엘이 점령 중인 팔레스타인 인구 밀집 지역

RISK1 반유대주의

여론은 엇갈린다. 벤앤제리스의 행동을 지지하는 입장과, 이스라엘 사업권 매각이 벤앤제리스 브랜드 정체성에 직접적인 영향을 미치지 않는다는 입장으로 나뉜다. 벤앤제리스의 행보가 반유대주의적 선전이라는 비판도 잇따랐다. 러시아, 사우디아라비아, 시리아, 이란, 중국을 비롯해 인권 유린을 자행하는 다른 여러 국가에서 제품을 정상 판매하는 와중, 왜 이스라엘에서만 이례적인 보이콧을 펼치냐는 지적이다. 이에 벤앤제리스 측은 악시오스와의 인터뷰에서 "이스라엘이 아닌 점령(settlement)에 대한 보이콧"이라는 입장을 표명했으나 명확한 답변을 내놓진 못했다. 한편 "조지아, 텍사스를 비롯해 임신 중단이 금지되고 있는 지역에선 판매를 지속하는 이유가 무엇인가"라는 질문에 "모르겠다, 이제부터 생각해 보겠다"며 당황하는 모습을 보이기도 했다.

RISK2 팔레스타인

벤앤제리스의 선언을 단순히 '평화를 수호하는 인류애적 행동'으로 볼 수 없는 또 다른 이유가 있다. 팔레스타인의 무장 세력이다. 1960년대 이래 팔레스타인은 '자치 기구'라는 이름으로 대이스라엘 투쟁을

선포했고, 그 수단으로 테러를 택했다. 팔레스타인 자치 정부의 집권당 하마스(HAMAS)와 헤즈볼라의 지원을 받는 PIJ(Palestine Islamic Jihad) 등이 대표적이다. 이스라엘의 팔레스타인 점령은 국제법상 명백한 위법이다. 그러나 팔레스타인의 테러가 초래한 인명 피해 또한 무시할 수 없다. 자국 영토를 외부 세력과 물리적으로 공유한다는 역사적 아픔과 그것을 또 다른 폭력으로 이끈 무장 행동은 별개다. 벤앤제리스의 선언은 전자에 대해 효과적인 연대가 됐을지라도, 후자의 책임에 대해선 묵인하는 결과를 낳았다.

REFERENCE1 반아파르트헤이트

국제적 보이콧의 힘은 차원이 다르다. 20세기 반아파르트헤이트 운동이 본격적으로 힘을 얻은 것은 영국을 필두로 주류 서구권 국가들이 갈등에 개입하면서부터다. 1980년대 영국 시민들은 자국 상점 내 남아공산 제품을 퇴출시키고, 남아공의 국제 문화 행사 참여를 반대하는 캠페인을 벌였다. 1994년 남아프리카공화국의 백인 정부 시대가 막을 내린 배경엔 넬슨 만델라만 있는 게 아니다. 무엇보다 남아공의 제품과 서비스를 불매하는 국제적 보이콧이 있었기에 가능했다.

INSIGHT1 서투른 행동주의

• 벤앤제리스의 이번 선언도 마찬가지다. 아이스크림이라는 제품의 특성상 이스라엘 경제에서 벤앤제리스가 미치는 영향은 극소하다. 그러나 이번 벤앤제리스 선언에 세간의 관심이 쏠리는 이유는 전 세계적인 액티비즘 기업인 만큼 상징성이 크기 때문이다.

• 그 상징성에 비해 벤앤제리스의 이번 접근은 섬세하진 못했다. 이-팔 분쟁은 벤앤제리스가 지금까지 목소리를 내오던 이슈들과는 결이 다르다. 성소수자 지지 및 인종 차별 반대, 환경 보호와 기후 위기 대응. 벤앤제리스는 지금껏 주로 전 지구적인 공감대를 이끌어 내는 이슈에 한해 행동했다. 반면 이-팔 분쟁은 팔레스타인 난민과 유대인 정착촌, 나아가 팔레스타인을 정의하는 중동 국가들의 이해 관계까지 복합적인 이슈가 얽힌 사안이다. UN조차 50년간 해결하지 못한 민족 분쟁에 벤앤제리스라는 외국 기업의 개입은 또 다른 갈등을 유발하고 있다. 서투른 행동주의가 낳은 결과다.

> 흠. 벤앤제리스의 행동이 서툴렀어도 응원해 주고 싶은 걸!

REFERENCE2 에어비앤비

• 지난 2019년 4월, 에어비앤비는 서안 지구의 유대인 정착촌 내 200여 개의 매물을 모두 삭제하겠다고 발표했다. 팔레스타인으로부터 오랜 압박을 받은 결과였다. 그러나 에어비앤비 측은 불과 다섯 달 만에 해당 선언을 번복했다.

• 번복의 이유는 다양하다. 이스라엘 정착촌 내 반발이 거셌고, 에이비앤비 호스트 및 여행자들로부터 소송에 휘말렸다. 무엇보다 미국 내 반-BDS 여론의 입김이 셌다. 현재 미국 내 28개 주에서 '반BDS 법안', 일명 '이스라엘 반대 금지법'이 통과됐거나 행정 명령으로 채택됐다. 이스라엘 보이콧을 처벌하는 기조가 미국 사회의 절반을 장악한 가운데, 에어비앤비 입장에서 반유대주의 기업으로 낙인 찍히는 것은 큰 압박으로 다가왔을 것이다.

INSIGHT2 새로운 갈등

현재 벤앤제리스를 둘러싼 갈등은 유니레버-벤앤제리스의 구도로
두드러진다. 투자의 압박을 받는 모회사와 브랜드 가치를 고수하는
자회사 각각의 운영진이 신경전을 벌이는 것이다. 그러나
벤앤제리스에겐 더 큰 위협이 기다리고 있다. 투자자들의 압박과
이스라엘을 비롯한 중동 사회의 견제, 그리고 무엇보다도 미국 사회의
절반을 차지하는 반(反)BDS 여론이다. 다양한 갈등이 심화된다면
벤앤제리스의 액티비즘은 힘을 잃고 에어비앤비의 전철을 밟을 수밖에
없다.

FORESIGHT 액티비즘 2.0

• 벤앤제리스 논쟁은 진행형이다. 가처분 신청에 승소하든 패소하든,
무거운 과제들이 벤앤제리스를 기다리고 있다. 패소한다면 수십 년간
지켜 온 행동주의 브랜드로서의 철학이 무너지게 된다. 승소한다면
반유대주의 비판에 대한 새로운 대응책을 강구해야 한다. "우리의
보이콧 대상은 이스라엘이 아닌 불법 점령"이라는 논리는 국제 사회를
충분히 설득하지 못했다.

• 이-팔 분쟁 개입은 벤앤제리스 행동주의 역사의 극히 일부일
뿐이다. 대중은 벤앤제리스가 전쟁, 여성, 빈부 격차 등 더 다양한
영역에서 적극적인 행동을 보여 주길 기대한다. 즉, 벤앤제리스의
액티비즘 또한 진행형이다. 가치 소비 시대는 더욱 완전한 액티비즘,
성숙한 액티비즘을 요구한다. 소비자의 신뢰가 녹는 것은 한순간이다.
아이스크림을 팔아 신뢰를 쌓아온 기업의 어깨는 무겁다. ●

톡스에서 내 일과 삶을 변화시킬 레퍼런스를 발견해 보세요.
사물을 다르게 보고 다르게 생각하고 세상에 없던 걸 만들어 내는
혁신가를 인터뷰했어요.

토스

길거리에서 누군가 과일이 그려진 흰 티를 입고 있다면 십중팔구 이
사람이 만든 티다. '랩티'와 AR 필터로 이미 마니아 사이에서 엄청난
아성을 세운 청년, '국티원탑' 김도영 그래픽 디자이너다. 그가 론칭한
'김씨네 과일'의 과일 티는 입점 요청과 컬래버 문의가 쇄도하는 메가
히트 상품이다. 별것 아닌 디자인 같은데 볼수록 귀여운 맛이 있다.
이미 비씨카드, CJ온스타일, 베스킨라빈스, KBS, 더현대서울 등이
그와 함께했고 수많은 셀럽이 그의 티를 입었다. 오픈런을 부르는
그는 대체 무슨 생각으로 티를 만들까? 다마스 한가득 과일 대신 과일
티셔츠를 싣고 다니는 '김씨네 과일' 김도영 그래픽 디자이너를 용산구
사무실에서 만났다. __ 이현구·민혜린 에디터

원래 전공이 광고 쪽인데, 티셔츠 만드는 일은 어떻게 시작하게 됐나?

우연히 친구들과 티를 맞춰 입었는데, 티셔츠가 자신을 표현하기에 정말 좋은 수단이라고 느꼈다. 뭘 좋아하는지, 뭘 말하고 싶은지를 직관적으로 나타낼 수 있다. 소리 없이 강하다. 하고 싶은 말은 많지만 시끄럽게 하거나 나서는 건 안 좋아하는 나 같은 사람에게 딱이었다.

비씨카드 컬래버 티를 구매해 입고 왔는데 이걸 입고 회사에 간 날 모두가 충격에 빠졌다. 비씨카드와 협업은 어떻게 이뤄졌나.

비씨카드 측에서 먼저 연락을 줬다. 젊은 세대와 커뮤니케이션을 시도하고 싶어 했다. 오래전에 배우 김정은 씨가 나와 "부자 되세요" 라고 외친 광고를 소재로 협업해 보자고 해서 재미있을 것 같아 수락했다.

BC카드 X 파도타기 ©사진: 김도영

티에 녹여낸 것이 참 많다. 'DM 안 읽고 스토리 업로드 금지' 같은 메시지를 적기도 하고 래퍼나 유명인들을 그려 넣기도 하고. 이건 과일 티와는 또 다른 접근 같다.

그렇다. 꼭 뭔가를 말하고 싶어서 만드는 것은 아니다. 과일 티는 그냥 깊은 뜻 없이 귀엽고 단순한 이미지를 표현하고 싶어 만들었다. 우연히 토마토를 넣어 봤는데 귀엽더라. 말씀하신 'DM 안 읽고 스토리 업로드 금지'는 뭔가 21세기의 어떤 예의 같지 않나. 이런 건 좀 시대정신 같은 메시지 전달 수단으로서의 티라면 말씀하신 '랩티'는 뭔가 아티스트들에 대한 팬심의 표현 수단이면서도 다른 팬들과 소통하는 방식이기도 하다.

랩티라는 게 예전에 유행한 록 그룹 티셔츠와는 확실히 다른 면이 있다. 커뮤니티에서 유행하는 이슈를 담는 것 같기도 하고.

기자분들이 어떻게 기사를 선정하는지 모르겠지만 아마 랩티와 비슷한 방식이 아닐까? 나 역시 관심 있는 인물과 이슈를 담아내고자 했다.

자신을 소재로 한 랩티를 입은 래퍼 빈지노 ©사진: 김도영

어떻게 보면 당사자를 희화화하는 작업일 수 있는데 걱정하거나 고려했던 부분은 없었나.

딱 한 번 촛불 집회와 관련해서 만들었던 적은 있지만, 그때를 제외하고는 누군가를 깎아내리거나 웃음거리로 만들고 싶어서 작업한 적 없다. 나는 그저 재미를 주고 싶을 뿐이다. 다만 재미를 주는 과정에서 누구를 조롱하거나 의도적으로 깔보고 나쁘게 표현하는 건 좋아하지 않는다. 티셔츠에 오른 당사자들이 즐겁게 입을 수 있는 이유도 그 안에 악의가 없기 때문일 것이다. 오히려 판단을 열어주는 것에 가까운데, '와 이 사람 보세요. 지금 되게 웃기네요.' 이런 식으로 표현하지는 않는다.

그런데 결국 티셔츠도 멋이 중요한 것 아닌가? 예스러운 느낌도 있지만 B급 감성이라며 좋아하는 사람도 있다. 소위 '힙'함을 노리진 않았는지.

B급은 너무 피하고 싶은 표현이다. 항상 최선을 다해 진심으로 작업한다. B급이라고 말하는 사람은, 단순하게 말하면 나와 결이 맞지 않는 거고 내 이야기를 제대로 이해하지 못한 거다. 대놓고 '나 멋있어' 하는 건 진짜 안 좋아한다. 너무 무겁지도 가볍지도 않게 나름대로 유머를 섞어 만들 뿐이다.

과일 티로 넘어가 보자. 다마스로 닿는 곳마다 사람들이 줄을 서서 산다. 판매량은 어떤가?

정확히 체크해 본 적은 없지만 판매할 때마다 최소 몇백 장씩은 나간다.

인싸템 그 자체야

늘 개시 임박해서 소셜 미디어를 통해 판매 공지를 하는 것 같다.
이는 전략인가?

늘 준비되는 대로 공지를 하는 거다. 여기서 바로바로 티셔츠를
찍기 때문에 판매할 물량이 준비되었다 판단이 될 때 즉흥적으로
인스타그램에 올린다. 어떠한 전략적인 마케팅도 아니다.

멜론 머스크, 정신 체리시고, 힙합의 기본 라임 등 티셔츠 네이밍
도 재밌다.

판매할 때 뭔가 적어두긴 해야 하니까 그 자리에서 바로바로 짓는
거다. 고민하면 오히려 재미없다. 멜론이 '멜론 머스크'일 때도 있고
'고당도 차트 1위 메론'일 때도 있다.

김씨네 과일의 임원진들 ©사진: 김도영

어떤 과일이 가장 인기가 많나.

복숭아, 체리, 아보카도, 수박. 특히 복숭아 M사이즈가 장난이 아니다.

다른 거 다섯 장 나갈 때 혼자 100장 나간다. 사실 과일이 20가지고 사이즈는 S부터 2XL까지 있다. 그렇다 보니 경우의 수가 100이라 재고 찾아주는 게 정말 어려운 일이다. 그래도 과일 티셔츠를 좋아해 주는 사람들이 자기가 가장 원하는 스타일로 입었으면 해서 최선을 다하고 있다.

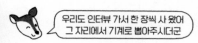

우리도 인터뷰 가서 한 장씩 사 왔어
그 자리에서 기계로 뽑아주시더군

특별할 것 없는 디자인인데 왠지 사러 가지 못하면 지는 느낌이다. 어떤 매력이 사람들을 끌어당기는 걸까?

비단 티셔츠뿐 아니라 구매 경험이 주는 가치를 높게 봐주는 것 아닐까. 단순히 입으려고 산다기보다는 사러 오는 과정 자체를 즐겨주시는 것 같다. 구매하려고 마음을 먹은 순간부터, 사러 와서 사진도 찍고 인증샷도 올리는 그 과정 하나하나에서 재미를 느끼시는 것 같다.

'김씨네 과일' 이전에도 다양한 프로덕트를 만들었다. 김씨네 과일로 입소문을 크게 타고 있는데 캐릭터를 어느 정도 굳힌 셈인가?

콘셉트가 아니다. '김씨네 과일가게'는 1퍼센트의 콘셉트와 99퍼센트의 진심으로 운영된다. 어떻게 보면 콘셉트라고 느낄 수도 있지만, 티셔츠 디자인에 어울리는 최적의 DP 방식을 찾아낸 것뿐이다. 최대한 실용적인 측면에서 생각한다. 작업 조끼를 입는 이유는 현금과 카드 용지를 보관하기가 편하기 때문이고, 모자를 쓰는 이유는 정말 햇볕이

뜨겁기 때문이다. 오히려 '어떻게 하면 콘셉트가 아닌 현실로 다가갈 수 있을까', 이게 고민이다.

일종의 '부캐'라고 생각했는데, 답변을 들어보니 아닌 것 같다.

부캐 문화를 존중하지만, 즐기지는 않는다. 어차피 몸은 하나 아닌가. 어떻게 보면 부캐도 전략이고 마케팅인데, 나는 정공파다. 계산도 못 하고, 속도 조절도 못 한다. 오로지 목적지만 보고 뛰어가는 게 내 방식이다. 게임에서도 부캐를 안 만든다. 스탯(능력치)을 잘못 찍었더라도 한 캐릭터만 키운다. 말로만 '과일 판다'고 할 뿐, 진짜 과일을 판 건 아니지 않나. 내 정체성은 과일 장수가 아니라 티셔츠 파는 사람이다.

> 베스킨라빈스 컬래버는 아이스크림 컵에 담아 놨던데?

즉흥적이지만 분명한 자기 기준이 있는 것 같다. 자신이 좋아하는 것을 만드는 것과 다른 사람을 재미있게 해주는 것 중 무엇을 우선하나.

별개라고 생각하진 않지만 분명 나뉘어 있긴 할 거다. 일단 내가 좋아하는 것이어야 한다는 게 전제로 깔려 있어야 한다. 그다음 내가 좋아하는 것에 어떻게 사람들이 관심을 갖게 할 것인가의 문제. 그 두 개는 합쳐져 있다고 생각한다. 내가 좋아하는 걸 사람들에게 재밌게 전달하는 게 목적이다.

본인이 좋아하는 것을 다른 사람들도 좋아할 거라는 확신이 있는 건지.

없다. 확신이 없으니까 열심히 하는 거다. 내가 좋아하는 걸 남도 좋아하게 만드는 건 정말 어렵다. 그저 내가 좋아하는 것에 사람들이 조금이라도 관심을 가질 수 있다면 그것으로 만족한다. 랩티가 그랬지만 사람들이 나를 통해 어떤 인물, 어떤 이슈를 알게 되는 것에서 재미를 느낀다.

제작자로서 보편적으로 사랑받고 싶나 아니면 코어팬을 확실하게 잡고 싶나?

당연히 코어팬이다. 더 깊게 소통할 수 있으니까. 개인적인 성취보다는 서로 상호작용하며 시너지가 오가는 게 좀 더 의미 있는 것 같다. 팬과의 커뮤니케이션에서 재미를 느낀다. 내 잘난 맛에 하는 것은 전혀 없다.

현재 대단한 인기를 누리고 있다. 더 대량 생산을 한다든가 규모를 확장할 생각은 없나?

이미 발주를 1000~2000장씩 넣고 있다. 맨 처음 플리마켓에 참여할 때는 100장 정도 만들었는데, 점점 수요가 많아져서 규모가 거의 수직 상승이다. 웬만한 브랜드에서는 다 연락이 왔다. 다 기억도 안 날 정도로. 준비 중인 것도 많고, 협업하는 곳도 많이 생겨서 좀 벅차게 따라가고 있다.

그는 부캐 문화를 존중하지만 정작 자신은 부캐가 아니다 ⓒ사진: 김도영

창업을 준비하는 청년들에게 해주고 싶은 말이 있다면.

굳이 물어본다면 "하고 싶은 것을 해라"라고 말하겠다. 뭔가를
예상하고 하는 것은 진짜 똑똑한 사람의 영역 같다. 주변에 가끔
그런 비범한 사람들이 있다. 머리를 잘 써서 니즈를 파악하고
계산하는 사람들. 하지만 모두가 그럴 수 있는 건 아니지 않겠나. 나도
똑똑한 사람이 아니다. 수년간 디자인을 100가지 넘게 했는데 과일
티셔츠만큼 잘된 게 없었다. 한 달만 지나도 지금까지 해 온 모든 일의
수익을 뛰어넘을 거다. 늘 '어떻게 하면 사람들이 많이 살까'가 아니라,
'어떻게 하면 재미있게 할까'를 고민하면서 몇 년을 버텼다. 비범한
디자인이나 전략 없이 내 것을 좋아해 주는 사람과 진심으로 소통하고
상호작용하는 것에 가치를 두면 서로에게 더 이로울 것이라 생각한다.

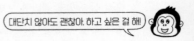
대단치 않아도 괜찮아. 하고 싶은 걸 해!

랩티, AR 필터, 과일가게까지 달려왔다. 앞으로 시도해보고 싶은
것이 또 있나?

지금은 없다. 해보고 싶었던 것들은 다 해봤다. 그래서 누구와 작업을
해보고 싶다거나, 얼마만큼 팔아보고 싶다거나 이런 건 전혀 없다. 그저
한 명이든 백 명이든 천 명이든, 누군가에게 삶의 영감이 되거나 좋은
영향을 주는 것, 조금이라도 즐겁게 해주는 것. 그게 전부다. ●

롱리드는 단편 소설 분량의 지식 콘텐츠예요. 깊이 있는 정보를 담아요.
내러티브가 풍성해 읽는 재미가 있어요.
세계적인 작가들의 고유한 관점과 통찰을 만나요.

감각을 깨우는 식사

우리가 가진 다섯 가지의 감각을 모두 동원해서 먹을거리에 대해 파악하기 시작하면, 자연스럽게 좀 더 다양하고 즐거운 방식으로 음식을 먹을 수 있게 된다. 아마 예전보다 먹는 양은 줄어들 수도 있지만, 자신이 먹는 것에 대해서는 좀 더 잘 알게 될 것이다. 우선 몸과의 관계가 회복될 것이고, 몸과 먹을거리 사이의 관계도 마찬가지다. _ 비 윌슨(Bee Wilson)

©사진: Alamy

조금 이상하게 들릴 수도 있지만, 잠시만 당신의 엄지손가락을 자세히 살펴봐 주면 좋겠다. 엄지손가락이 앞뒤로 어떻게 구부러지는지 보라. 엄지의 피부가 얼마나 민감하며 점착성은 어느 정도인지 느껴보라. 사람의 엄지는 단지 엄지척(thumbs-up) 신호를 보내거나 바닥에 떨어진 열쇠를 줍기 위한 도구가 아니다. 우리의 엄지손가락은 과일의 숙성도를 판단하는 데 있어서 현존하는 가장 효율적이며 민감한 도구 가운데 하나이다.

인간에겐 대표적인 특징이 하나 있는데, 바로 엄지가 다른 손가락들을 마주 볼 수 있다는 점이다. 그리고 훨씬 더 튼튼하고 길고 유연하다. 반면 거미원숭이는 엄지손가락이 없고, 마모셋원숭이는 엄지손가락이 있어도 다른 손가락들을 마주 볼 수 없다. 이렇게 마주 보는 엄지손가락은 우리 인간을 비롯하여 침팬지와 같은 영장류 사촌들에게서만 볼 수 있는 특징이다. 그런데 우리의 엄지손가락이 애초에 이렇게 진화한 이유가 과일이 익었는지 아닌지를 판별하기 위해서일지도 모른다는 사실이 알려진 것은 비교적 최근의 일이다. 2016년에 생물학자인 너새니얼 도미니(Nathaniel Dominy)는 침팬지가 무화과를 따는 방식을 연구했다. 침팬지는 손을 다재다능하게 잘 쓰는 것으로 유명한데, 그들은 무화과가 어느 정도 익었는지를 알아보기 위해 그 손으로 무화과를 빠르게 쥐어보곤 했다. 이는 원숭이들이 사용하는 방식보다 평균적으로 4배나 더 빠른 기술이었다. (참고로 원숭이들이 무화과가 익었는지를 알아보는 방법은 무작위로 과일을 따낸 다음 그것을 직접 깨물어보는 것이다. 그리고 익지 않은 과일은 뱉어 버린다.)

인간 역시 이처럼 놀라운 손을 갖고 있기 때문에, 우리는 한 번만 만져 봐도 가장 잘 익은 과일이 어떤 것인지 알 수 있다. 그런데 인류의 대부분은 손을 더 이상 그런 용도로 사용하지 않는다. 잘 익은 과일이 먹고 싶을 때 우리는 더 이상 손의 감촉에 의지할 필요가 없다. 그냥 가장 가까운 슈퍼마켓으로 가서 이미 손질되어 있는 패키지를 구입하면 된다. '잘 익은 간편 과일'이라든지 '잘 익은 달콤 과일' 같은 라벨이 붙어있는 그 과일들은 이미 껍질이 벗겨져 조각 나 있기 때문에, 우리는 포크로 찍어서 먹기만 하면 된다.

현대의 인류가 무언가를 먹는 행위에 있어서 가장 놀라운 사실 가운데 하나는, 바로 우리가 마치 감각이 없는 존재들처럼 음식을 섭취한다는 것이다. 우리의 겉모습은 수렵 채집을 하던 선사시대의 조상과 기본적으로는 동일하지만, 무엇을 먹을지 선택할 때의 우리는 거의 항상 감각을 꺼버린다. 우리는 신선한 우유와 상한 우유를 구별할 수 있는 코를 가졌음에도, 직접 냄새를 맡아 보기보다는 유통기한을 확인하는 걸 선호한다. 인류학자 잭 구디(Jack Goody)는 인간의 감각을 가리켜서 "세상을 바라보는 창문"이라고 불렀다. 주변 환경에 대한 정보를 습득하기 위해 사용하는 중요한 도구라는 것이다. 감각은 즐거움을 줄 뿐만 아니라 생존을 위한 도구이기도 하다. 그러나 오늘날 우리는 스스로가 가진 많은 감각 기능을 현대의 식품 산업에 넘겨주었다. 식품 산업에게는 잘된 일이다. 하지만 우리들에게는 그렇지 않은 것 같다. 먹을거리와 관련한 건강상의 문제점이 만연하지 않던가.

　　코로나19 판데믹은 현대를 살아가는 우리가 얼마나 무감각한지 드러냈다. 특히 후각이 그렇다. 이제껏 우리 인간은 코로나19가 유발한 후각상실증(anosmia)만큼 빠르고 동시다발적인 감각의 상실을 경험한 적이 없었다. 그런데 이런 집단적 후각 상실이라는 현상에서 가장 눈에 띄는 점을 꼽자면, 많은 이에게 그 필요성조차 잊혀 있었던 감각이 상실됐다는 사실이었다. 개와 같은 동물들이 후각에 크게 의존하여 살아가는 것과 달리, 인간에게 있어 후각은 오랫동안 뭔가 사소한 것으로, 심지어 반드시 필수적이지는 않은 감각으로 여겨져 왔다. 찰스 다윈(Charles Darwin)은 후각이 (시각이나 청각에 비해) 인간에게 "극미하게 기여"할 뿐이라고 주장하는 과학자 및 철학자 중 하나였다. 2011년에 7000명을 대상으로 실시한 설문 조사에서는 대부분의 응답자들이 노트북이나 휴대 전화를 계속해서 사용할 수만 있다면 후각을 포기할 의사가 있다고 밝혔다.

　　그러나 현실에서 후각 없이 산다는 건 쉽지 않다. 피프스센스(Fifth Sense)는 후각 및 미각 장애를 가진 사람들을 지원하는 단체인데, 이곳에서 실시한 설문 조사에 의하면 후각을 상실한 사람 중 거의 모두에게서 음식이나 음료를 섭취할 때의 즐거움이 줄어들었고, 외로움과 우울함을 느끼는 경우가 늘어났으며, 관계의 단절로 이어지는 사례도 일부 있었다. 피프스센스가 후각상실증을 겪고 있는 사람들 약 500명을 대상으로 실시한 설문 조사에서는 음식이나 음료를 섭취할 때의 즐거움이 냄새를 맡을 수 있었을 때보다 줄어들었다고 답변한 응답자가 전체의 92퍼센트였다. 절반 이상은 예전보다 외식을 적게 한다고 답했으며, 심지어 요리를 하는 것조차도 스트레스와 불안감의 원인이 된다고 말했다. 더 이상 새로운 레시피를 시도하는 기쁨을 즐길 수도 없고, 혹시 재료가 탈

때도 그 냄새를 쉽게 맡을 수 없기 때문이었다. 피프스센스의 한 회원은 그들이 음식의 다양한 냄새를 맡으며 누릴 수 있는 기쁨만이 아니라 위험을 감지할 수 있는 능력 모두를 잃어버렸다고 말했다. 나는 2021년 9월에 코로나19에 걸리면서 냄새를 맡을 수 없게 되었는데, 어느 날 아침 매일 마시던 커피에서 아무런 향미가 느껴지지 않았다. 이 사실을 믿을 수 없어서 커피를 한 모금 마신 후에 맛과 향이 느껴지기를 기다렸다. 그러나 돌아온 것은 카페인의 각성 효과와 함께 혀에서 느껴지는 씁쓸함뿐이었다.

지금까지의 데이터에 의하면, 코로나19로 인해 후각을 상실한 사람의 대다수는 몇 주 안에 그 감각을 완전히 회복하는 것으로 보인다. 나도 이렇게 운 좋은 다수 가운데 하나였다. 어느 날 레몬의 껍질을 벗기고 있었는데, 갑자기 공기 중에서 선명한 시트러스 향기가 느껴졌다. 감사한 마음에 하마터면 눈물을 터트릴 뻔했다. 그러나 소수의 몇몇은 완치 이후에도 다시는 후각을 되찾지 못할 것이다. 어느 페이스북 그룹에서 코로나19의 장기 후유증을 겪었다고 밝힌 사람들에 관한 2020년의 연구 논문을 보면, 냄새를 맡을 수 없게 된 사람들이 잃어버린 먹을 때의 즐거움이 어떤 것인지를 엿볼 수 있다. 어떤 사람들은 입맛을 잃어버렸다고 말했는데, 반대로 어떤 사람들은 잃어버린 즐거움을 만회하기 위하여 필사적으로 더욱 많이 먹었다고 대답했다. 그중 한 명은 이렇게 말했다. "먹어서 느껴지는 만족감이 없으니, 오직 그 만족을 느끼기 위해서 더 많이 먹게 된다. (중략) 절대 충족될 수 없는 만족감을 얻으려는 지속적인 충동 때문에 체중이 늘고 있다."

전 세계적으로 수많은 사람이 코로나19에 걸렸다는 사실을 고려하면, 영구적인 후각 상실증이나 고무가 타는 것 같은 끔찍한 냄새가 난다고 느끼는 이상 후각(parosmia) 증세를 가진 채 살게 되는 사람들은 수만 명에 달할 것으로 보인다. 그런데 불과 2020년 이전까지만 하더라도 'anosmia(후각 상실)'라는 단어를 알고 있었던 사람은 거의 없었다. 후각이 삶의 질에 있어서 상당히 중요할 수 있다는 사실은 아예 생각도 하지 못했다.

©사진: Wirestock

음식과 단절된 아이들

'anosmia(후각 상실)'라는 단어를 잘 모르고 있었다는 사실을 보면 우리가 먹을거리와 관련한 많은 감각을 잃어버린 상태였음을 알 수 있다. 인간의 행동 중에서 음식을 먹는 것보다 더욱 다양한 감각이 동원되는 행위는 없다. 하지만 현대의 세계에서는 심각한 감각의 단절 상태에서 음식을 먹는 경우가 많다. 우리는 컴퓨터로 식료품을 구입하거나 휴대 전화로 배달 음식을 주문한다. 그러면 플라스틱 용기에 포장되어 도착하는데, 그래서 첫입을 먹기 전까지는 냄새를 맡을 수도 눈으로 확인할 수도 없다. 채소는 미리 손질되어 판매되고, 샐러드 재료들은 거의 대부분 세척이 되어 있다. 그것들을 길러 낸 토양의 흔적은 전혀 찾아볼 수 없다. 우리는 스스로의 감각이 아니라 포장에 적힌 문구에 의해 먹을거리의 상태를 판단한다. 미국과 영국에서는 사람들이 섭취하는 총 열량의 절반 이상이 초가공(ultra-processed) 식품으로부터 오는데, 이런 초가공 식품의 재료들은 우리 인간의 감각으로는 구분할 수 없을 정도로 변형되어 있다. 더구나 텔레비전 앞에 앉아서 이런 음식을 먹는다면, 우리가 섭취하는 먹을거리의 색깔이나 모양을 제대로 살펴보지 않을 가능성이 매우 높다.

먹을거리와의 이런 감각적 단절은 오늘날 수많은 사람이 형편없는 식생활을 하는 세태의 원인이자 결과이다. 이는 어릴 때부터 시작된다. 시중에 판매되는 유아식을 생각해 보라. 이들 중 상당수는 일회용 팩에 포장되어 판매되는데, 과일과 채소를 걸쭉한 퓌레(purée) 형태로 만들기 때문에 원재료의 색상이나 형태는 거의 알아볼 수 없다. 이런 제품들은 내용물이 유기농이라고 자랑하는 경우가 많은데, 부모들이 이러한 식품을 좋아하는 이유는 집 밖에서도 아이들에게 먹이기가 편리하기 때문이다. 그러나 퍼스트스텝스뉴트리션트러스트(First Steps Nutrition Trust)가 2018년에 펴낸 보고서에서 강조하고 있듯이, 이런 팩 제품은 아기들이 처음 음식에 노출되는 데 있어 좋은 형태가 아니다. 아이들은 음식물을 팩에서 입으로 곧장 빨아들인다. 사실 제조업체가 공식적으로 권장하는 방식은 제품을 그릇에 부어서 섭취하는 것임에도 불구하고, 많은 부모는 아이들에게 그냥 팩 형태로 먹게 놔두는 것 같다. 아이들은 자기가 실제로 무엇을 먹는지 알지 못한다. 이것이 왜 중요할까? 공중보건영양학자인 헬런 크롤리(Helen Crawley) 박사는 팩에 든 퓌레가 아이들이 진짜 음식의 맛과 식감에 익숙해지는 것을 도와주지 않는다고 지적한다. 팩에 들어 있는 달달하고 걸쭉한 당근을 섭취하는 행위가 진짜 당근의 맛을 분별하거나 즐기는 걸 가르쳐주지는 못한다는 점이 문제다.

몇 년 전 영국의 많은 학교에서 아이들에게 맛 교육 수업을
시작하며, 신선한 먹을거리와의 감각적인 단절이 이토록 일상화되어
있다는 사실을 처음으로 인식하게 됐다. 나는 테이스테드(TastEd)라는
단체를 공동 설립했다. 테이스테드는 '테이스트 에듀케이션(taste
education, 맛 교육)'의 약자로, 프랑스와 북유럽 국가들, 그리고
네덜란드에서 사용되는 사페레(Sapere) 기법을 기반으로 한다. 이는
학교의 교실에 신선한 채소와 과일을 가져다주고 아이들이 모든
감각을 동원하여 먹을거리와 상호 작용을 해보게끔 하는 방식이다.
이 프로그램은 현재 잉글랜드에 있는 160개 이상의 유치원과
초등학교에서 진행되고 있으며, 다양한 무료 교보재를 활용하여
기본적인 식재료에 대한 아이들의 이해를 돕는다. 아이들은 재료들을
직접 만져보고, 냄새를 맡아보고, 소리를 들어보고, 자세히 살펴본 다음
직접 맛까지 느껴본다.

어떤 사람들은 음식에 대한 감각을 길러주는 이러한 형태의
교육을 굳이 학교에서 진행할 필요가 없다고 주장한다. 이 정도는
어차피 집에서 배우지 않느냐는 것이다. 그러나 실제로는 전혀 그렇지
않거나, 적어도 예전만큼은 아닌 것 같다. 어떤 부모들은 아주 오랜
시간 일해야 해서 아이들과 함께 식사할 기회를 갖기 힘든 경우도
많다. 그 외에도 많은 부모가 너무 적은 수입에 의존하고 있어 신선한
먹을거리를 구입할 여력이 없다. 서양의 가족들에게는 소득 규모와
관계없이 한 가지 추가적인 문화적 문제가 더 있는데, 이제는 아이들이
일상에서 신선한 채소를 즐기지 않는 것으로 보인다는 점이다. 이유가
무엇이든, 요즘의 평범한 아이들이 먹을거리에 대하여 가지는 감각적인
문해력(literacy)이 매우 제한되어 있는 것으로 보인다. 2010년, 〈제이미
올리버의 먹을거리 혁명(Jamie Oliver's Food Revolution)〉이라는
텔레비전 프로그램에서는 웨스트버지니아(West Virginia)에 사는 미국

아이들을 보여주었다. 아이들은 토마토를 감자라고 생각했으며, 가지를 가리키며 배라고 말했다. 그걸 보며, 웨스트버지니아에 살고 있으니 무식한 거라고 말하는 사람들이 있었다. 하지만 이젠 영국 전역의 아이들이 그 아이들과 비슷한 수준으로 먹을거리에 대해 무지하다는 사실이 분명해졌다.

몇 년 전 여름, 케임브리지에 있는 어느 유치원에서 한 교사와 함께 첫 시범 수업을 진행했다. 당시 복숭아가 제철이었기 때문에, 나는 맛있는 납작복숭아를 사서 교실에 있는 네다섯 살짜리 아이들에게 나눠 주었다. 그런데 남자아이 한 명이 몸을 앞으로 기울이면서 이렇게 말했다. "지금까지 복숭아를 만져본 적이 없어요. 그치만 복숭아맛 약은 먹어봤어요." 그 아이는 복숭아를 손으로 만지거나 입안에 넣고 그 껍질의 보슬거리는 감촉을 느껴본 적이 없었다. 그리고 복숭아를 깨물었을 때 그것이 부드럽게 으깨지는 소리를 들어본 적도 없었다. 사실 별로 유별난 사례도 아니었다. 이듬해 여름 다시 한번 복숭아를 사서 또 다른 교실로 가져갔다. 이번에는 4학년 아이들이 있는 교실이었다. 그런데 아홉 살짜리 여자아이 한 명이 복숭아를 멍하니 바라보더니, 실제 복숭아가 복숭아 이모티콘과 다르게 생겨서 깜짝 놀랐다고 말했다.

그다음에는 열 살짜리 아이들을 만났는데, 아이들은 당근이나 생 토마토를 먹어본 적이 없다고 했다. 그리고 양파나 감자를 손에 쥐었을 때 어떤 느낌인지 알지 못했다. 프리미어리그에 있는 모든 축구 팀을 순위대로 정확하게 말할 수 있는 아이들은 있었지만, 체리의 안쪽에 단단한 씨앗이 들어있다는 사실을 알고 있는 아이는 없었다. 체리를 직접 먹어보려는 시도는 고사하고, 그걸 실제로 먹어 본 아이가 단 한 명도 없었기 때문이다. 선생님들의 이야기를 들어 보니, 아이들에게 신선한 민트 잎의 향을 맡게 했는데 아이들이 떠올린 것은 기껏해야

풍선껌이나 민트향 샴푸였다고 한다. 링컨셔(Lincolnshire)에 있는
워싱버러 아카데미(Washingborough Academy)라는 초등학교의
교장이자 테이스테드의 공동설립자인 제이슨 오루크(Jason
O'Rourke)는 내게 이런 이야기를 들려주었다. 학교 아이들에게
먹을거리가 어디에서 나는지 물어보면, 지금까지는 슈퍼마켓이라고
대답하곤 했다고 한다. 그런데 요즘의 아이들은 '엄마의 아이패드'라고
말한다는 것이다. 먹을거리에 대한 아이들의 심각한 무지는 그보다
훨씬 더 큰 문제의 일부에 불과하다. 현재의 글로벌 식품 산업의
유통망은 그 경로가 지나치게 길고 비인격적이기 때문에, 어른 아이
할 것 없이 우리가 먹는 음식물을 기르거나 재배한 사람과 어떤
방식으로든 관계를 맺고 있는 경우를 찾아보기가 힘들다는 사실
말이다.

©사진: Brendon Thorne

냄새의 언어를 잊다

현대 사회에서 이러한 감각의 단절은 한꺼번에 일어난 것이 아니다.
음식과의 감각적인 단절은 여러 세기에 걸쳐서 진행되어 온 것이며,
우리는 현재 그 종착점에 서 있다. 사람에게 다섯 개의 감각이 있다는

인식은 인류 사회 전반에 걸쳐서 거의 보편적이기는 하지만, 각각의 문화권은 이러한 감각에 대한 그들만의 고유한 개념을 갖고 있다. 먹을거리에 대한 감각적인 지식이, 특히 냄새를 통해서 그것을 인지하는 방식이 가장 생생하게 살아있는 사회는 수렵 채집 공동체다.

대부분이 수렵 채집을 하던 시절에는 그 누구도 자신의 감각을 끈 채로 무언가를 먹는 여유를 부릴 수 없었다. 사람들은 코를 킁킁거리면서 독성이 있는 열매와 달콤한 과일을 구별할 수 있어야 했고, 야생의 사냥감이 내는 발소리를 기민하게 들을 수 있어야 했다. 수렵 채집을 하는 사람들에게 있어서 감각은 곧 생존을 의미했다. 그런데 신석기 시대에 접어들고 농사를 짓기 시작하면서 이러한 감각들은 예전보다 덜 중요해졌다. 더 이상 공동체의 모두가 나서서 음식을 손수 채취하거나 사냥할 필요가 없어졌다. 이제 그런 일은 곡물을 길러서 우리에게 공급해 주는 농부들에게 의존할 수 있게 됐기 때문이었다.

인류학자들은 사회가 점차 현대화되면서 나타나는 한 가지 공통적인 패턴이 있다는 사실을 발견했다. 그것은 바로 후각이 점점 덜 중요해지고, 반대로 시각은 더욱 중요해진다는 점이다. 요크대학교(University of York)의 심리학 교수이자 후각 언어 분야의 대표적인 전문가인 아시파 마지드(Asifa Majid)는 후각이 시각에 비해 "무뎌진 감각"으로 여겨져 왔다고 말한다. 대표적으로 영어에서 냄새를 묘사하는 단어의 수가 색채를 표현할 때 사용하는 단어보다 훨씬 적은 것을 보면 알 수 있다.

그런데 마지드는 현지 연구를 통해서 일부 수렵 채집 공동체에서는 냄새를 지칭하는 단어들이 색깔을 표현하는 단어만큼이나 다양하다는 사실을 보여주었다. 예를 들어서 멕시코의 세리(Seri)라는 유목민 공동체에서는 바다사자의 특정한 냄새, 상한 콩 냄새와 타버린 콩 냄새, 덜 자란 푸른바다거북을 익히는 냄새, 부패한 꿀 냄새 등을 구별하는 다양한 단어들을 사용한다. 세리 부족에게는 후각 풍경(smellscape)이 일상의 삶에서 아주 중요한 부분이다. 런던이나 뉴욕에 사는 요즘 사람들도 어쩌면 세리 부족민들처럼 콩이 탄 냄새를 분명히 맡을 수는 있겠지만, 그 냄새를 구체적으로 설명하지는 못하고 그저 '윽' 하는 소리만 낼 것이다.

　이와 관련하여 마지드는 이렇게 쓰고 있다. "영어에서 악취는 그냥 악취일 뿐이다." 우리는 와인을 마시면서 '감초의 향미'가 난다거나 '구스베리의 첫 향'이 난다며 와인의 다양한 향을 묘사하는 전문가들을 보면 그들이 다소 허세를 부린다고 생각할 때가 있다. 그러나 이런 직접적인 비유만이 향을 정확하게 설명할 수 있는 유일한 방법이다. 영어에서 냄새를 표현하는 단어가 지극히 제한적이기 때문이다.

　사실 수렵 채집의 시대가 지나간 이후에도 먹을거리를 구하는 작업은 감각과 깊이 얽혀 있었다. 역사학자인 마들렌 페리에르(Madeleine Ferrières)에 따르면 중세 프랑스에서는 사람들이 시장에서 먹을거리를 구입할 때 특정 순서에 따라 감각을 활용했다고 한다. 냄새를 맡아 보는 일이 첫 번째 순서였다. '악취가 나는 것을 먹으면 죽을 수도 있다'는 것이 상식이었기 때문이다. 다음으로는 가까이 들여다보면서 그것이 겉으로 보이는 만큼 실제로도 신선한지를 판단했다. 그다음은 촉감인데, 먹을거리를 손에 들어서 무게를 가늠하고 품질을 평가했다. 마지막으로는 소량을 시식해 보면서 그 농산물이 정말로 먹기에 괜찮은지를 판단했다. 당시 프랑스 시민법에 의하면, 소비자들에게는 구매를 결정하기 전에 먹을거리를 만져보고 맛을 볼 수 있는 권리가 있었다.

　요즘에도 야외 시장에서라면 감각을 동원해서 음식을 구입하는 방식이 어느 정도는 일반적인 형태로 지속되고 있다. 중국에서 수박이 잘 익었는지를 판단하는 전통적인 방법은 직접 두드려보는 것이다. 잘 익은 수박은 통통거리는 소리가 난다. 영국에서도 콕스 오렌지 피핀(Cox's Orange Pippin)이라는 사과의 품종을 검사할 때 비슷한 방식을 사용했었다. 이 사과가 잘 익었다면 그것을 흔들었을 때 안에 있는 씨앗이 부드럽게 잘그락거리는 소리를 낸다.

요즘의 우리는 먹을거리를 구입할 때 활용하던 감각적인 경험을 대부분 잃어버렸다. 전 세계적으로 노천 시장이 슈퍼마켓으로 바뀌고 있다. 슈퍼마켓은 사냥이나 채집 같은 일의 대부분을 대신해 주겠다고 현대인들을 유혹한다. 이처럼 거대한 상거래의 성전에서 판매되는 모든 농산물은 누군가가 우리를 위해 이미 검사를 해서 포장하고 라벨을 붙인 다음 한 공간에 가지런히 모아 놓은 것들이다. 덕분에 우리는 여기에 드는 시간과 에너지를 절약해서 뭔가 다른 일에 집중할 수 있다.

1980년대 초반에 내가 살던 마을에 세인즈버리(Sainsbury's)의 대형 매장이 처음으로 들어섰다. 우리 어머니가 거기 다녀오시더니 어찌나 황홀해 하시던지, 지금도 잊을 수가 없다. 직장에 다니던 어머니는 그전까지만 하더라도 먹을거리를 구입하려면 식료품점이나 빵집 등 여기저기 흩어진 가게와 노점을 돌아다녀야 했다. 그런데 누구나 부담 없이 들어갈 수 있고 모든 것이 잘 구비된 그 대형 마트는 그러한 번거로움을 덜어주었다. 그러나 이런 편리함을 얻은 대신에, 먹을거리 쇼핑은 이제 예전보다 덜 감각적인 과정이 되었다. 어린 시절에 다녔던 세인즈버리의 냄새가 어땠는지 기억해 보려고 해도 아무것도 떠오르지 않는다. 반면에 그전까지 어머니가 들르곤 했던 청과물 가게의 신선하고 푸릇푸릇한 냄새와 우리가 주말 만찬을 위해 고깃덩어리를 구입하던 정육점의 퀴퀴한 피 냄새, 그리고 차양이 덮인 시장의 작은 커피숍에서 이제 막 갈아내어 담아 놓은 따뜻한 원두 봉지에서 풍기던 천상의 향기는 지금도 생생하게 기억난다.

2000년대 초에 프랑스의 두 사회학자는 베트남에 대형 마트가 들어서면서 먹을거리를 구입할 때의 감각적인 경험이 어떻게 변화하기 시작했는지 연구했다. 그에 따르면 전통시장에 들르는 베트남 사람들은 다양한 먹을거리의 품질을 따져 보기 위해서 인체의 감각을 최대한 활용하는 경향을 보였다. 그들은 토마토를 주의 깊게 살펴보면서 빛깔이 선홍빛인지, 그리고 줄기는 다친 부분이 없는지 확인했다. 그 토마토가 먼 거리를 이동하지 않았다는 의미였기 때문이다. 고기를 구입할 때면 그들은 신선도를 판단하기 위해 냄새를 맡아보고 손가락으로 만져보았다. 그런데 베트남에서 슈퍼마켓이 급속도로 확산하면서 이처럼 감각을 동원한 면밀한 검사는 불가능하게 되었다. 그들의 조사에 응한 어떤 사람은 이렇게 말했다. "슈퍼마켓에서는 일일이 살펴보지 않고 구입합니다." 홍콩에서도 비슷한 일이 있었다. 연구자들은 홍콩에서 나이 많은 사람들이 먹을거리의 냄새와 관련하여 젊은 사람들보다 훨씬 더 폭넓은 어휘를 사용한다는 사실을 발견했다. 고연령층은 소금에 절인 생선이나 오래된 두부, 눅눅한 땅콩 등에서 풍기는 특정한 냄새에 해당하는 단어들을 알고 있었다. 반면에 젊은이들이 음식의 냄새에 대해 사용하는 표현은 '향긋하다' 내지는 '고약하다' 정도에 불과했다.

©사진: Mira

영양의 전환, 그 후

이러한 모든 현상은 먹는다는 것에 있어서 지난 50년에서
70년간 일어난 더욱 큰 혁명의 일부다. 이러한 흐름에는
노스캐롤라이나대학교(UNC)의 배리 팝킨(Barry Popkin) 교수가
'영양의 전환(nutrition transition)'이라고 부르는 특성이 있다. 이는
각국의 경제가 발전하면서 전 세계적으로 일어나는 현상인데, 지구촌의
거의 모든 곳에서 사람들이 음식을 먹는 방식과 그 종류에 변화가
있었다는 것이다. 대표적으로는 한 끼의 식사에서 간식의 형태로,
짭짤한 음식에서 달달한 음식으로, 지역에서 나는 재료로 집에서
직접 만든 요리에서 다국적 식품 기업이 균질하게 만드는 초가공
식품으로의 전환이다.

　　이러한 영양의 전환 덕분에 세계 전반적으로 굶주리는
비율은 줄어들었지만, 제2형 당뇨병부터 심장병, 우울증, 천식, 암에
이르기까지 먹을거리와 관련한 질병들이 만연해졌다. 최근에는
영양실조(malnutrition)라는 개념이 절대적인 굶주림에만 국한되지
않고 비만까지 포함하는 것으로 변했다. 브라질 같은 중간소득
국가에서는 영양이 부족한 사람들과 과잉인 사람들이 동시에 늘어나고
있다. 섭취하는 열량은 많지만, 우리 몸의 건강을 유지하기 위해
필수적인 미량영양소(micronutrient)와 단백질은 부족한 상태에
시달리고 있는 것이다.

　　문제는 영양의 전환으로 이뤄낸 풍족함을 유지하면서도
식품 경제를 덜 파괴적인 방향으로 움직일 수 있느냐 하는 점이다.
이 문제는 정부의 급진적인 개입 없이는 해결될 수 없다. 건강한
먹을거리는 저렴해야 하고, 쉽게 구할 수 있어야 하며, 일상적인
식단이 되어야 한다. 이러한 개혁 과제는 세계 5위의 밀 수출국인

우크라이나에서 전쟁이 발발하면서 더욱 시급한 사안이 되었다. 이 전쟁으로 인해 기본 식재료의 가격이 많은 가정에서 감당하기 어려운 수준으로 오를 것이다. 하지만 구조적인 개혁이 일어나기를 기다리는 동안, 더욱 건강하고 행복하게 먹기 위해 개인이 할 수 있는 일은 무엇일까?

한 가지 제안할 수 있는 건 우리 스스로의 감각을 더욱 신뢰하고 음식 포장에 적힌 문구들은 덜 믿는 것이다. 음식 관련 저술가인 마이클 폴란(Michael Pollan)은 이렇게 쓴 적이 있다. "건강에 관심이 있다면, 우리를 건강하게 만들어준다고 주장하는 음식은 피하는 게 좋을 수도 있다. 왜 그럴까? 어떤 식품이 우리를 건강하게 만들어준다고 스스로 주장한다는 건, 오히려 그것이 진정한 음식이 아니라는 의미이기 때문이다. 당신이 먹고 싶은 건강한 음식과는 거리가 멀 것이다."

우리가 가진 다섯 가지의 감각을 모두 동원해서 먹을거리에 대해 파악하기 시작하면, 자연스럽게 좀 더 다양하고 즐거운 방식으로 음식을 먹을 수 있게 된다. 아마 예전보다 먹는 양은 줄어들 수도 있지만, 자신이 먹는 것에 대해서는 좀 더 잘 알게 될 것이다. 우선 몸과의 관계가 회복될 것이고, 몸과 먹을거리 사이의 관계도 마찬가지다. 적어도 나의 경험상으로는 그랬다. 요리를 하면서 풍기는 향내를 모두 들이마시고 눈앞에 펼쳐진 식재료들을 눈에 담다 보면, 심지어 완성된 요리를 먹으려 자리에 앉기 전에 이미 그것들로부터 영양분을 모두 얻은 것 같은 기분이 든다.

요리 관련 저술가인 다이애나 헨리(Diana Henry)는 자신의 글에서 몸을 망치는 요요 다이어트가 되풀이되는 과정으로부터 어떻게 벗어났는지 솔직하게 쓰고 있다. 그는 요요 다이어트를 두고 "지나치게 안 먹는 완전한 결핍과 그 정반대인 폭식의 과정이 롤러코스터처럼

©사진: Popa Ioana

반복되는 것"이라고 말한다. 2014년에 출간한《입맛의 변화(A Change of Appetite)》에서 그는 일본 요리의 원칙으로부터 어떤 도움을 받았는지 설명한다. 일본의 문화에서는 한 끼의 식사를 할 때도 세부적인 감각들까지 최대한 음미하려고 노력하기 때문이다.

한 끼 식단에 포함된 칼로리가 얼마인지 따지는 것은 바람직하지 않다. 칼로리를 계산하는 일은 감각을 느끼는 것과는 정반대다. 건강한 식사를 위해 더욱 알차고 죄책감도 주지 않는 방식은, 요리를 하고 먹는 전 과정에서 그 모든 요소들이 가진 색채와 질감과 요리 기법 사이의 미묘한 균형을 느끼고 그 자체를 즐기는 것이다. 다이애나 헨리가 썼듯, "먹는다는 건 단지 식욕을 충족시키는 것이 아니라, 자기 앞에 놓인 것을 자신이 가진 모든 감각을 동원하여 제대로 인식하는 것이다."

어떤 경우에는 후각을 더욱 잘 활용하는 것이 사라진 입맛을 되살리는 방법이 될 수도 있다. 치매를 앓는 사람의 대다수는 음식에 대한 흥미를 잃기 때문에 자칫하면 영양실조에 걸릴 위험이 높다. 2013년에 영국의 디자인 회사 로드(Rodd)는 치매 환자들의 식사를 돕고자 개발된 '오드(Ode)'라는 신제품을 선보였다. 이 장치는 음식에 대한 긍정적인 기억을 불러일으키고 식욕을 자극하기 위해, 환자들에게

익숙한 음식의 냄새를 하루에 세 차례 방출했다. 여기에는 대표적으로
과일 파이나 찜 요리, 카레처럼 그리운 옛맛을 주는 음식들이 포함되어
있었다. 그리고 테스트 단계에서 그 음식 냄새를 맡은 치매 환자들
가운데 절반이 체중을 안정적으로 유지하거나 증량했다고 한다.
(2022년 4월 20일 기준으로 오드는 더 이상 시중에서 판매되지 않고
있다.)

오감을 동원하라

한편, 현대 사회의 문화가 다양한 감각에 더욱 몰입할 수 있는
방향으로 새롭게 바뀔 수 있다는 조짐이 있다. 이러한 변화를 가능하게
만드는 한 가지 요인은 플라스틱을 반대하는 사회적인 움직임이다.
올해 1월 1일, 프랑스 정부는 슈퍼마켓을 비롯한 매장에서 오이를
포함한 30가지의 과일과 채소를 비닐 랩에 싸서 판매하는 것을
금지했다. 물론 이러한 정책의 발의는 우리의 감각을 복원하려는
시도라기보다는 생태적인 이유 때문이다. 당시에 프랑스 환경부
장관은 일회용 플라스틱의 "충격적일 정도로 무분별한" 확산을 반드시
규제해야 한다고 말했다.
　　　어떤 사람들은 플라스틱을 사용하면 음식물 낭비를 줄이는
데 실질적으로 도움이 된다는 이유를 들면서 오이와 같은 품목들을
비닐 랩으로 포장해 소량 단위로 판매하는 것이 낫다고 주장한다.
《괴짜경제학(Freakonomics)》의 공동 저자인 스티븐 더브너(Stephen
Dubner)는 불과 1.5그램의 비닐 랩만 사용해도 냉장고 안에서 오이의
보관 기한을 최대 14일까지 늘릴 수 있다는 오이 재배 농가의 근거
자료를 인용하고 있다. 그러나 바로 그런 비닐 랩 때문에 소비자들은
자신의 감각을 이용해서 냉장고 안에 보관된 오이의 신선도를

판단하기가 더욱 어려워진다. 프랑스에서 플라스틱의 사용을 금지하면서 의도치 않게 나타나는 부수적인 효과가 있다면, 사람들이 슈퍼마켓에서 식재료를 구입할 때 좀 더 날것 그대로의 상태에 더욱 가까이 다가갈 수 있다는 것이다. 사람들은 비닐 랩에 싸여 있지 않은 레몬의 껍질을 직접 살펴본 후에 구입할 수 있을 것이다. 그리고 비닐 포장을 벗어던진 부추의 알싸한 향을 직접 맡아볼 수도 있을 것이다. 스페인도 2023년에 이런 흐름에 동참할 예정이다. 다른 나라에서도 이러한 변화가 나타난다면, 음식을 먹을 때 우리의 감각을 더욱 적극적으로 활용하는 방향으로의 상당한 진전이 되리라.

희망을 가져도 좋은 두 번째 이유는 코로나19 봉쇄 기간에 각 가정에서 직접 요리하는 횟수가 증가했다는 것이다. 소비자 조사에 의하면 2020년에 유럽 전역을 비롯한 기타 지역에서 밀가루와 같은 아주 기본적인 식재료 구매가 증가했다고 한다. 스페인, 이탈리아, 그리스 사람들은 판데믹 기간에 새로운 조리법을 시도하는 걸 즐겼다고 응답했다. 요리를 자주 하는 사람이라면 자연스럽게 자신의 감각을 적극적으로 활용하게 된다. 요리를 한다는 건 팬 안에서 지글거리는 마늘 냄새나 버섯이 익으면서 내는 소리에 익숙해지는 것이다. 제대로 치댄 밀가루 반죽이 손안에 느껴지는 부드러운 감촉을 알아야 하고, 렌틸콩이나 쌀을 완벽하게 조리하면 알갱이들이 부풀어 오른다는 사실도 배워야 한다.

세 번째 희망은 먹을거리에 대한 감각을 기르는 교육에서 찾을 수 있다. 음식을 먹을 때 오감을 더욱 적극적으로 활용하는 기술은 교육을 통해 습득할 수 있다. 2021년에 영국에서 헨리 딤블비(Henry Dimbleby)가 작성한 〈국가 먹거리 전략(National Food Strategy)〉의 새로운 버전에서는 모든 어린이집과 유치원에서 먹을거리에 대한 감각 교육을 필수 과목으로 지정해야 한다고 말한다. 연구의 근거 자료는

ⓒ사진: Vitor Monthay

단기간의 교육이더라도 아이들의 음식 취향을 넓히는 데 도움이 될 수 있음을 보여준다. 핀란드에서 수행한 연구에 의하면, 취학 전 아동을 대상으로 실시한 감각 기반의 먹을거리 교육이 과일, 채소, 베리류를 포함하여 다양한 음식을 먹고자 하는 아이들의 의지를 증진했다.

이러한 효과는 심지어 부모가 입맛이 까다롭다고 평하는 아이들에게서도 눈에 띄게 나타났다. 우리 테이스테드도 이처럼 긍정적인 효과가 나타나는 걸 목격하고 있다. 2021년 가을, 케임브리지대학교 부설 초등학교의 어느 교사가 한 사례를 전했다. 자신의 학급에 예전까지만 하더라도 새로운 음식 먹는 것을 무서워해서 2년 동안이나 영양사로부터 전문적인 도움을 받아 왔던 학생이 있는데, 그 아이가 테이스테드의 수업을 받으면서 갑자기 새로운 과일을 세 종류나 먹어봤다는 것이다. 아마도 수업 내용의 무언가가 아이의 감각을 일깨워서 음식 먹는 행위를 좀 더 부담 없고 더욱 즐거운 것으로 만들어 준 것 같다.

새로운 감각 문화에 대한 희망을 가져볼 수 있는 가장 큰 이유는,

아마도 우리가 비록 수렵 채집을 하던 원시의 조상들과는 매우 다른 세상에 살지만, 물리적으로는 여전히 동일한 감각 기관을 갖고 있다는 사실일 것이다. 음식을 먹는 방식을 바꾸고자 한다면, 그 원동력은 대부분 경이로운 엄지손가락을 가진 우리의 손과 코에 달려 있을 것이다. (먹을거리가 충분하다는 걸 전제로 할 때의 이야기다. 감각적 즐거움과 배고픔은 양립할 수 없다.) 운이 좋아서 아직 후각이 온전한 사람들이라면 할 수 있을 때 최대한 활용해 보는 것이 좋다. 부엌이나 정원에 작은 허브 화분을 길러 보라. 그리고 기분이 가라앉았을 때 민트 잎을 하나 따서 손에 대고 문지른 다음 그 향기를 깊이 들이켜 보라.

©사진: Elsa Olofsson

음식을 눈으로만 보지 말고, 그것을 귀와 코와 손으로 느끼려고 노력해보라. 냄새를 맡고, 만져보고, 자세히 살펴본 다음에 맛을 보라. 향신료라는 복잡한 즐거움의 세계를 탐험해보라. 복숭아 이모티콘과 진짜 복숭아는 아주 많이 다르다는 사실을 느껴보라. 초가공 재료로 만든 빵과 진짜 빵 사이에도 마찬가지로 어마어마한 차이가 있다는 사실을 확인해보라. 달콤한 것만 찾지 말고, 훨씬 더 다양한 맛의 세계를 탐닉해보라. 자몽의 쌉싸름한 맛이나 루바브(rhubarb)의 시큼한 맛을 직접 느껴보라. 다음에 혹시 아주 맛있는 피자를 먹게 된다면, 그런 맛이 나는 이유를 알아내려 노력해보라. 그 비결이 도우에 있는지, 소스에 있는지, 치즈에 있는지, 아니면 세 가지 모두인지 말이다. 셀러리 줄기에 돋은 결이나 케일 잎의 매끄러운 무늬를 느껴보라. 후각이나 청각, 촉각을 활용하지 않고 음식을 먹는 사람은 마치 불투명한 유리창을 통해서 세상을 바라보는 사람이나 다름없다. 아직 할 수 있을 때 무화과도 직접 손에 쥐어보고 커피의 향기도 느껴보라. 당신의 감각을 일깨워보라. Ⓣ

이 글은 네덜란드의 음식 문제 연구소 플레보캠퍼스(Flevo Campus)에서 출간될 예정인 에세이 모음집에 실린 비 윌슨(Bee Wilson)의 글을 발췌한 것이다.

시끌북적 사무실

(1)김혜림 에디터 : 제 캐릭터는 수염을 쓰다듬는 오랑우탄이에요. 고릴라가 아니에요 (훌쩍)

(2)이현구 선임 에디터 : 휴가 없이 끝난 나의 여름 (주룩)

(3)신아람 디렉터 : 다들 어떤 가수의 춤을 추는 걸까요? 정답은 인스타 DM으로~

(4)이연대 CEO : 9월 7일은 푸른하늘의 날입니다.

(5)김지연 리드 디자이너 : 팀원들의 응원덕에♡ 이번 일러스트&만화를 완성할 수 있었어요.

(6)조영난 오퍼레이팅 매니저 : 덩실덩실

(7)홍성주 커뮤니티 매니저 : 좋은 커뮤니티란 무엇인가! 고민에 빠졌어요.

(8)민혜린 인턴 : 함께해서 행복했어요. 저는 학교로 돌아갑니다! 모두들 행복하세요♡

(9)권순문 디자이너 : 몰라~ 그냥 흔들어 흔들어~ 와인 리필해~

(10)정원진 에디터 : 가을이 오고 있어요~ 가을은 코끼리를 춤추게 한답니다~

(11)이다혜 에디터 : 여름이 끝나가고 있어요! 흑흑 하반기 계획은 다들 세우셨나요?

무슨 빔이에요?

큰일이에요! 커피를 쏟았어요!

괜찮아요~

꺄아아악! 현구님이 작성한 포캐스트를 삭제했어요!

괜찮아!

어떡해요, 신입인데 실수를 하다니!

멘붕

웅이이잉

괜..찮..

꽝!

?.. 침착하게 할 수 있을 것 같아요.

? Flower?

계획대로...

(무료)광고 제작소 1화

여기는 북저널리즘 (무료)광고 제작소 혁신적인 제품을 찾고있다.

신중   고~심

젊고! 유쾌하고! 도전하는!

콰앙!

그런 제품은 이제 없는 것 인가?!

여기 있습니다! 저희 브랜드는 완전 MZ용입니다용~

떼잉

에잉~! 진정성 없는 브랜드는 가라! 우리를 감동시킬 제품이 필요하다!

똑똑 여기가.. (무료)광고 제작소?

끼이익

투 비 컨티뉴

THREAD